요한계시록을 이해하기 위한 좋은 참고 서적이 하나 더 늘어나게 되었다. 제목부터가 십자가와 하늘 보좌의 역설적 교차를 근간으로 하는 요한계시록의 특징을 잘 대변해 준다. 이러한 제목의 설정은 저자가 요한계시록을 정확하게 이해하고 있다는 증거다. 내용에 있어서도 탁월한 주석가들의 주장을 중심으로 자신의 창의적 견해를 곁들이며 적절하게 논리를 전개해 가고 있다. 본서는 독자들이 요한계시록을 이해함에 있어 부족한 부분을 채워 줄 수 있는 아주 유익한 작품이라는 점에 의심의 여지가 없다.

– 이필찬(이필찬요한계시록연구소 대표)

요한계시록은 사치와 향락과 권세를 누리도록 보장해 주겠다고 유혹하는 로마 제국의 문화와 싸우며 건강한 교회를 만들어 가도록 당시 성도들에게 권면한 책으로, 지금 우리에게도 신앙적 경각심을 일깨워 주는 책이다. 이 책은 종말론적인 시나리오를 찾기 위해서 요한계시록을 읽고 있는 한국 교회를 향해서 요한계시록의 저작 의도를 올바르고 명확하게 제시해 주고 있다.

– 신동욱(협성대학교 교수)

에머슨은 매우 전도유망한 복음주의 학자이며 의사 전달 능력이 뛰어난 목회자이다. 작지만 탁월한 이 책이 그 증거다.

– 브루스 애쉬포드(Bruce Ashford, 사우스이스턴 침례신학교 학장)

생생하고, 명확하고, 매력적이다. 『십자가와 보좌 사이: 요한계시록』은 사람들에게 자주 오해받고 때로 기피의 대상이기도 한 요한계시록을 충분하게 연구해서 핵심적으로 압축한 결과물이다. 독자는 이 책을 재미있게 읽으면서, 요한계시록의 내용, 장르, 이미지, 내러티브, 신학, 메시지에 대해 많은 부분을 이해하게 될 것이다.

– 크리스토퍼 모건(Christopher W. Morgan, 캘리포니아 침례대학교 학장)

십자가와 보좌 사이: 요한계시록

Between the Cross and the Throne: The Book of Revelation

십자가와 보좌 사이: 요한계시록

Between the Cross and the Throne: The Book of Revelation

매튜 에머슨 지음
김광남 옮김

초판 1쇄 발행 2017년 8월 11일
초판 2쇄 발행 2020년 7월 1일

발행처 도서출판 이레서원
발행인 문영이
출판신고 2005년 9월 13일 제2015-000099호

기획 이혜성
편집 송혜숙, 오수현
영업 김정태
총무 곽현자

경기도 고양시 일산동구 중앙로 1160 오원플라자 801호
Tel. 02)402-3238, 406-3273 / Fax. 02)401-3387
E-mail: Jireh@changjisa.com
Website: Jireh.kr / Facebook: facebook.com/jirehpub

책값은 표지에 있습니다.

ISBN 978-89-7435-490-9 04230
ISBN 978-89-7435-500-5 04230 (세트)

이 도서의 국립중앙도서관 출판예정도서목록(CIP)은 서지정보유통지원시스템 홈페이지(http://seoji.nl.go.kr)와 국가자료공동목록시스템(http://www.nl.go.kr/kolisnet)에서 이용하실 수 있습니다. (CIP 제어번호: CIP2017016847)

02 일상을 변화시키는 말씀

십자가와 보좌 사이
: 요한계시록

Between the Cross and the Throne
The Book of Revelation

매튜 에머슨 지음
크레이그 바르톨로뮤 시리즈 편집
김광남 옮김

이레서원

"주 하나님이 이르시되 나는 알파와 오메가라
이제도 있고 전에도 있었고 장차 올 자요
전능한 자라 하시더라"(계 1:8)

목차

1장

서론

대부분의 기독교 서클 안에서 요한계시록은 아주 인기가 많거나 완전히 무시된다. 어떤 교회들은 자신들이 읽는 신문의 헤드라인을 요한의 묵시나 다니엘의 환상에 관한 구절들과 연관시키면서 종말에 관한 단서들을 찾기 위해 요한계시록을 살핀다. 다른 한편으로는, 많은 그리스도인들이 『오즈의 마법사』(*Wizard of Oz*)에 나오는 도로시(Dorothy)와 유사한 정서를 지니고 요한계시록에 반응한다. "용들, 짐승들, 그리고 매춘부들이라, 오 이런!" 그러나 요한계시록은 종말에 관한 암호들을 풀어 주는 책도 아니고, 정경에 덧붙여진 어쩌면 피할 수도 있었을 기이한 첨가물도 아니다. 오히려 요한계시록은 교회를 위해 필수적인 책이었고 지금도 그러하다. 그 책은 우리가 고난에 직면할 때조차 삼위일체 하나님의 승리에 찬 통치와 임박한 그리스도의 재림에 대한 확신을 갖게 해 준다.

개관

교회의 전통이 '장로이자 사도인 요한'이라고 확인해 준 요한은 만년에 밧모 섬에서 유배 생활을 하던 중에 요한계시록을 썼다. 이 책에서 요한은 부활하신 예수로부터 받은 환상에 대해 이야기한다. 책 전체를 통해 그는 독자들에게 로마와 황제의 핍박에도 불구하고 예수가 주님이시라는 그들의 고백을 굳게 붙들라고 권고한다. 요한은 이 책의 전부는 아니지만 대부분에서 비유적인 이미지와 언어를 사용한다. 예를 들어, 그는 종종 교회를 "촛대"로, 천사들을 "별"로, 그리고 사탄을 "용"으로 묘사한다. 요한은 이런 이미지들을 일차적으로 구약성경에서, 특히 다니엘서에서 가져온다. 이런 생동감 있는 표현들은 우리가 세계의 근본적인 갈등, 즉 하나님과 사탄 사이의 전쟁을 시각적으로, 그리고 상상력을 발휘해 살피도록 만들어 준다.

요한의 환상은 부활해 하늘에 오르신 그리스도의 형상과 함께 시작된다. 그리스도는 영광스럽게 승리하신 모습으로 그분의 교회들 한가운데 서 계신다(1:9-20). 자신의 죽음과 부활을 통해 이미 사탄을 제압하신 예수는 요한의 독자인 일곱 교회 각각을 향해 영적인 것이든 육체적인 것이든(2, 3장) 모든 탄압에 굳건하게 맞서라고 권고하신다. 요한은 들림을 받아 하나님의 보좌실(寶座室)로 이끌려 가는데, 거기서 그는 하나님의 모든 백성과 모든 피조물이 그분을 경배하는 광경을 목격한다(4장). 또한 그 사람들은 예수를 죽임당한 어린양으로, 유다 지파의 사자로, 즉 자신의 죽음과 부활로써 하나님의 심판의 두루마리를 펼칠 수 있는 분으로 인정한다(5장).

요한계시록 개요

1. 서론(1장)
2. 일곱 교회에 보낸 편지들(2-3장)
3. 보좌실에 관한 환상(4-5장)
4. 첫 번째 심판 단락: 일곱 개의 봉인(6:1-8:5)
5. 두 번째 심판 단락: 일곱 번의 나팔 소리(8:6-11:19)
6. 용과 어린양의 싸움(12-14장)
7. 세 번째 심판 단락: 일곱 가지 재앙과 일곱 개의 대접(15-16장)
8. 두 여자 이야기: 음녀와 신부(17:1-19:10)
9. 아마겟돈과 만물의 종말(19:11-20:15)
10. 새 창조 안에서 만물이 새롭게 됨과 어린양의 나라(21:1-22:5)
11. 결론: 예수가 곧 오실 것이니 믿음 안에서 인내하라(22:6-21)

요한계시록의 나머지 부분은 하나님의 적들에 대해 세 차례에 걸쳐 행해지는 하나님의 심판을 다룬다: (1) 일곱 개의 봉인(6:1-8:5); (2) 일곱 번의 나팔 소리(8:6-11:19); (3) 일곱 가지 재앙 혹은 일곱 개의 대접(15, 16장). 이런 심판 단락들 각각은 왕이신 예수를

| 밧모 섬과 일곱 교회

따르지 않는 자들에 대한 하나님의 심판을 보여 준다. 그러나 각 단락은 하나님의 신실하심과 자비하심을 보여 주기도 한다. 하나님은 144,000명(7장)과 두 증인(11:1-14)으로 대표되는 자기 백성에게 신실하시다. 또한 하나님은 열방에 대해 자비로우시다. 하나님의 심판은 그분의 진노를 보이시기 위한 것일 뿐 아니라 모든 사람에게 회개를 요구하시기 위한 것이기도 하다.

또한 요한계시록에서는 교회와 사탄의 추종자들 사이의 싸움을 보여 주는 두 개의 확대된 이미지들이 등장한다. 그 싸움은 한 여자와 용의 졸개들 사이에서(12-14장), 그리고 바벨론의 음녀와 그리스도의 신부 사이에서(17:1-19:10) 벌어지는 것으로 비유적으로 묘사된다. 요한계시록의 마지막 단락은 아마겟돈 전쟁(19:11-21),

천년왕국에 대한 묘사(20:1-6), 최후의 심판(20:7-15), 그리고 새 창조(21-22장)를 다룬다.

요한계시록의 신학적 핵심

1세기 그리스도인들은 다양한 도전들에 직면했다. 거기에는 유대인들에 의한 종교적 거부, 그리스-로마 사회 관습과의 문화적 충돌, 그리고 로마의 노골적인 정치적 탄압 등이 포함되어 있다. 오늘날 많은 그리스도인들의 상황 역시 이것과 별반 다르지 않다. 특히 터키와 이라크 같은 성경의 현장에서 벌어지고 있는 박해로 인한 위협은 더욱 그러하다.

요한계시록은 그런 시련들을, 사람들을 그리스도로부터 떼어내 파멸로 이끌어 가고자 하는 사탄의 활동 때문인 것으로 묘사한다. 개인적으로 황제의 박해와 권력을 경험했던 요한은 독자들에게 사탄이 아니라 하나님이 궁극적으로 다스리시고 승리하신다는 것을 상기시킨다. 그러므로 그들은 사방에서 적들이 공격해 오는 동안에도 여호와께 계속 신실해야 한다.

1세기에 요한의 독자들은 박해와 황폐한 세상 가운데서 "예수가 주님이시다."라는 주장이 어떻게 참된 것이 될 수 있는지 의아하게 여겼을 수 있다. 우리는 오늘날에도 유사한 의문을 가질 수 있다. 그리고 종종 우리가 역경과 고난 앞에서 하나님의 선하신

섭리에 대해 의문을 품게 될지라도, 요한은 하나님이 우리 죄의 모든 결과들 한가운데서조차 최고 통치자로서의 역할을 하신다고 주장한다. 이런 사실에 대한 근본적인 증거는 요한의 환상의 근원이자, 그 환상의 핵심적 인물이요 메시지 자체인 예수 안에서 발견된다.

예수 그리스도는 자기 백성을 위해서 십자가 위에서 스스로 죄와 죽음을 짊어지시고 백성과 함께 고난을 당하셨다. 그러나 그리스도는 그분의 승리의 부활을 통해 적을 결정적으로 물리치셨다. 그분은 "충성된 증인으로 죽은 자들 가운데에서 먼저 나시고 땅의 임금들의 머리가 되신" 분이고, "우리를 사랑하사 그의 피로 우리 죄에서 우리를 해방"하신 분이고, 또한 "구름을 타고 [오셔서]…각 사람의 눈이 그를 보겠고 그를 찌른 자들도 보게 될" 분이다(1:5-7). 예수의 죽음과 부활은, 공감을 불러일으키는 그분의 고난과 모든 통치자와·정사와 권세들에 대한 그분의 승리를 드러내 보이는 2부작(two-part work)을 이룬다.

고통 가운데서도 우리 신자들이 우리와 같은 고난을 당하셨던 대제사장과 언젠가 적들을 짓밟으실 승리의 왕이 있음을 알고 소망을 지닐 수 있는 것은, 죽었다가 부활하신 삼위의 두 번째 위이신 예수 때문이다. 유다 지파의 사자이자 죽임당한 어린양이신 그분은 자신이 이미 죽음과 지옥과 무덤을 정복하셨기에 하나님의 그리스도께서 이미 굳건하게 서셨기에 우리도 굳건하게 설 수 있다. 또한 그리스도께서 이미 그들의 주인을 결박하셨기에 우리도 용의 졸개들과 싸울 수 있다.

백성도 악한 자를 이길 수 있음을 그들에게 보여 주신다. 그리스도가 이미 굳건하게 서셨기에 우리도 굳건하게 설 수 있다. 또한 그리스도께서 이미 그들의 주인을 결박하셨기에 우리도 용의 졸개들과 싸울 수 있다.

더 나아가, 바로 이 예수가 다시 돌아오실 것이다. 그때 그분은 자신이 이미 무찌르신 용과 그의 추종자들을 모두 완전히 파멸시키실 것이다. 그때 그분은 모든 백성의 눈에서 눈물을 닦아 주실 것이고 만물을 새롭게 하실 것이다. 이것이 요한계시록의 신학적 핵심이다. 예수께서 이미 우리 편에서 전쟁을 이기셨기에, 또한 그분은 다시 오실 것이기에, 그리스도인들은 박해와 유혹 가운데서도 굳건하게 설 수 있다.

| 읽어 볼 글들 |

- 요한계시록 4-5장
- 다니엘 7, 12장
- 요한계시록 21:1-8

| 생각해 볼 질문 |

01 당신은 요한계시록을 읽는 편인가, 아니면 기피하는 편인가? 요한계시록에 대한 당신의 태도를 형성하는 데 영향을 준 요소들은 어떤 것들인가?

02 요한계시록은 어떻게 모든 교회에 적용되는가?

2장

문학으로서의 요한계시록

오늘날 많은 그리스도인들이 만물의 종말에 대한 요한의 비전을 꺼려하는 주된 이유는, 우리에게 익숙하지 않은 이미지와 비유적 언어를 그가 계속해서 사용하기 때문이다. 우리 대부분은, 특히 오늘날 서구의 그리스도인들은 이런 형태의 문학에 익숙하지 않다. 요한이 이미지의 대부분을 끌어오는 구약성경에 대한 우리의 익숙지 않음은, 객관적이고 과학적인 것에 대한 오늘날의 집착과 더불어, 요한이 그의 책에서 말하는 내용을 이해하기 어렵게 만든다. 예컨대, 요한계시록 8-9장과 그곳에서 황충에 관해 서술하는 내용은 현대 독자들로서는 이해하기가 어렵다. 많은 경우에 독자들은 그런 서술과 함께 요한계시록 자체를 회피하려 하거나 그것을 오늘날 뉴스의 머리기사들 – 이 경우에는 현대적인 군사

기술-과 조화시키려 한다.

하지만 요한은 다른 문학적 장치들, 이야기, 구약성경에 대한 언급들, 그리고 특정한 문학적 장르들을 분명하게 사용하면서, 요한계시록에서 그가 말하는 내용을 우리가 이해하도록 돕는다. 만약 우리가 요한이 사용한 방법들을 이해한다면, 요한계시록은 독자들이 읽기를 꺼려하는 책이거나 현대의 예측 차트가 아닌 본래 목적의 그것, 즉 그리스도 안에서 이루어지는 삼위일체 하나님의 일에 대한 증언으로 보일 수 있다. 요한이 각각의 문학적 장치들을 사용하는 방식을 우리가 이해한다면, 우리는 요한계시록의 개별적인 구절들과 그 책 전체의 신학적 메시지를 훨씬 더 잘 탐색할 수 있을 것이다. 다시 말해, 요한의 책을 이야기 식으로, 그리고 신학적으로 이해하고자 한다면, 우리는 그것을 문학으로 이해해야 할 필요가 있다.

장르

요한계시록을 보다 잘 해석하기 위해 가장 먼저 살필 필요가 있는 것은 요한계시록의 장르다. 혹은 장르들이다. 왜냐하면 요한은 요한계시록에서 적어도 세 개의 서로 다른 장르를 사용하고 있기 때문이다. 요한계시록은 편지이고, 예언이고, 묵시이다.[1] 우리가

---

1 이 세 가지 장르들 각각과 그것들이 요한계시록에서 어떻게 사용되고 있

요한계시록을 읽고 이해하고자 할 때, 이런 문학적 장르 및 그 각각의 장르와 연관된 특별한 문학적 장치들의 의미를 파악하는 것은 큰 도움이 된다.

장르

"장르"(genre)라는 용어는 어떤 책이 속할 수 있는 문학의 범주를 가리킨다. 예컨대, 서구 문학의 장르 유형 중에는 시, 소설, 서사시, 신화, 역사소설, 과학 소설, 만화책 등등이 있다. 서구 문학의 경우에서처럼 성경 문학은 다양한 장르에 속할 수 있다. 어느 책의 장르나 장르들을 확인하는 것은 그 책의 저자가 어떤 형태의 문학적 장치들을 사용할지를 판단하는 데 도움이 될 수 있다.

1) 편지

요한계시록은 소아시아(오늘날의 터키)에 있는 일곱 교회들에게 보낸 편지 형태로 쓰였다.[2] 편지처럼 보인다는 이 특성은 무엇보다도 서론 부분(1-3장)과 결론(22:6-21)에서 발견된다. 요한은 요한계시록의 중반에서(예를 들면, 13:10) 독자에게 권고하면서, 예수께서 일곱 교회들에게 하셨던 "이기라"라는 호소(2-3장)를 이 책에서 언급되는 특별한 사건들 및 21-22장의 결론과 한데 묶는다.

는지에 대한 간략한 논의를 알아보기 위해서는, Richard Bauckham, *The Theology of the Book of Revelation* (New Testament Theology; James D. G. Dunn, ed.; Cambridge: Cambridge University Press, 1993), 1-17을 보라.

2 Leon Morris, *Revelation* (TNTC; Grand Rapids: Eerdmans, 1987), 46을 보라.

서론과 결론의 내용들은 특별히 편지로서의 요한계시록의 특성을 이해하는 데 적합하다.[3] 요한의 여는 말(1:1-8)과 결론적 호소(22:6-21)는 모두 신약성경 다른 서신들의 서론 및 결론과 놀라울 만큼 유사하다.

신약의 서신서들과 요한계시록의 인사말

계 1:4-5	"이제도 계시고 전에도 계셨고 장차 오실 이로부터 오는 은혜와 평강이 너희에게 있을지어다"
골 1:2	"우리 아버지 하나님으로부터 은혜와 평강이 너희에게 있을지어다"
롬 1:7; 고전 1:3; 고후 1:2; 갈 1:3; 엡 1:2; 빌 1:2; 살후 1:2; 몬 3	"하나님 우리 아버지와 주 예수 그리스도로부터 은혜와 평강이 있기를 원하노라"
살전 1:1	"은혜와 평강이 너희에게 있을지어다"
딛 1:4	"하나님 아버지와 그리스도 예수 우리 구주로부터 은혜와 평강이 네게 있을지어다"
벧전 1:2	"은혜와 평강이 너희에게 더욱 많을지어다"
벧후 1:2	"하나님과 우리 주 예수를 앎으로 은혜와 평강이 너희에게 더욱 많을지어다"
유 1:2	"긍휼과 평강과 사랑이 너희에게 더욱 많을지어다"

3 계속되는 내용 중 많은 부분은 Matthew Y. Emerson, *Christ and the New Creation: A Canonical Approach to the Theology of the New Testament* (Eugene, OR: Wipf & Stock, 2013), 143-47에서 축약한 것이다.

우리가 바울의 편지들에서 보는 것과 흡사하게, 요한이 서론 부분에서 한 말은 요한계시록 본문에서 확대되고 결론 부분에서 반복된다.[4] 또한 신약성경에서 요한계시록 바로 앞에 실려 있는 공동서신들에서처럼, 요한은 계속해서 시험, 인내, 거짓 교사들을 물리치는 것, 이기는 것을 강조한다.[5]

이것은 우리에게 요한계시록에 대해, 그리고 특별히 요한계시록을 읽는 방법과 관련해 무엇을 알려 주는가? 첫째, 그것은 요한이 특정한 독자를 염두에 두고 있었음을 알려 준다. 역사적으로 보자면, 그 독자는 다뤄질 필요가 있는 특별한 신학적 · 윤리적 상황과 마주하고 있던 특정한 일곱 교회들로 이루어져 있었다. 당시에 이 교회들은 여러 다른 집단들로부터 거듭되는 박해를 받고 있었다. 그 교회들은 단순히 국가에 의해서만이 아니라 계속해서 그들의 회중 속으로 침투하려 했던 거짓 교사들에 의해서도 어려움을 겪고 있었다. 그리스도를 거부했던 유대인들은 그리스도인들도 거부했다. 그뿐만 아니라 당시에 교회들은 그리스-로마 문화

4 G. K. Beale, *John's Use of the Old Testament in the Book of Revelation*, 300을 보라. 예컨대 Beale은 요한이 요한계시록 3:18-29에서 두아디라 교회에게 이세벨로부터 도망치라고 권하는 것과 요한계시록 18장에서 바벨론의 음녀에 대해 묘사하는 것 사이에 존재하는 유사점에 주목한다. Ibid., 311-16.

5 요한계시록과 이런 편지들 사이의 본문상 연관성에 관한 보다 상세한 설명을 위해서는 Matthew Y. Emerson, *Christ and the New Creation*, 145-47을 보라.

에 휩싸여 있었는데, 그 문화는 교회와는 다른 도덕을 제시하고 다른 종교적 믿음을 부추기고 있었다. 그런 까닭에 이 일곱 교회에 속한 그리스도인들은 계속해서 거짓 가르침, 쾌락 추구, 그리고 박해를 통해 시험을 받으면서 그리스도와 그분의 가르침으로부터 멀어지고 있었다. 그들은 교리적, 사회적, 정치적 형태로 나타나는바 하나님의 권능과 사탄의 능력 사이에서 선택이라는 상황과 마주하고 있었다.[6] 요한은 이런 독자를 위한 특별한 메시지를 갖고 있었다. 그것은 전능하신 삼위일체 하나님께 끝까지 충성하라는 것이었다.

둘째, 요한계시록과 다른 묵시문학 모두에서 7이라는 숫자는 보편성을 상징하기에, 요한 역시 이 책을 쓰면서 보다 보편적인 독자를 염두에 두었을 가능성이 크다. 요한이 일곱 교회들에게 편지를 썼다는 사실은 그가 이 책이 단지 이 특정한 일곱 교회뿐 아니라 시공간을 초월해 하나님의 모든 교회에 대한 권면이 되기를 의도했음을 보여 주는 것일 수 있다.[7] 이 책에서 요한이 로마 제국

---

6 Ibid., xii-xiii; G. K. Beale, *The Book of Revelation* (NIGTC; Grand Rapids: Eerdmans, 1999), 171-72; Craig R. Koester, *Revelation and the End of All Things* (Grand Rapids: Eerdmans, 2001), 30-31.

7 요한이 7이라는 숫자를 사용한 것은 보편성을 나타내기 위함이다. 요한이 숫자들을 비유적인 이미지로 사용하는 것에 관한 논의를 위해서는 다음에 있는 "문학적 장치들" 단락을 보라. 일곱 교회가 어떻게 보편적인 독자를 의미하는지에 대한 논의를 위해서는, Richard Bauckham, *The Climax of Prophecy: Studies on the Book of Revelation* (London: T&T Clark,

에 맞서 발언하고 있음을 보여 주는 증거들은 분명히 존재한다. 하지만 이 묵시적이고 예언적인 편지는 모든 신자들 – 그들이 1세기 로마 제국의 시민이든, 21세기 중국의 거주자들이든, 혹은 그 사이 어느 곳에서 살았던 이들이든 간에 – 을 위한 것이다.

2) 예언

또한 요한계시록은 예언이라는 장르에 속해 있다. 그리고 요한은 그의 책을 구약성경 예언자들의 사역을 모방하며 써 나간다. 예컨대, 요한계시록 1:10-19에서 그가 예언자로 부르심을 받는 상황은(이것은 10:1-11에서 되풀이된다) 에스겔과 이사야와 다니엘이 예언자로 부르심을 받는 상황과 유사하다. 요한계시록의 환상적인 예언들과 그런 환상들 가운데서 나타나는 신탁 예언들(예를 들면, 7:14-17; 14:8-10)은 모두 이사야, 예레미야, 에스겔, 스가랴의 예언들과 같은 형태로 이루어진다.[8] 요한은 또한 그의 환상을 "발생 반복"(recapitulation)이라고 불리는 문학적 장치를 통해 구약성경 예언자들의 메시지와 연결시킨다. 요한은 요한계시록에서 비유적 이미지들을 사용해 구약성경 모든 예언자들의 메시지를 요약하고

1993), 30을 보라.

8 Jan Fekkes, *Isaiah and Prophetic Traditions in the Book of Revelation: Visionary Antecedents and their Development* (JSNTSup 93; ed., Stanley Porter; Sheffield: Sheffield Academic Press, 1994), 101-02.

강화한다.[9]

우리가 요한계시록을 읽을 때 이 사실에 주목하는 것은 중요하다. 왜냐하면, 많은 독자들이 "예언"이라는 단어를 들으면 미래를 생각하지만, 요한은 그보다 훨씬 더 포괄적인 범위를 염두에 두고 있기 때문이다. 구약성경의 예언자들은 미래에 대해서만이 아니라 과거와 현재에 대해서도 말했다. 그들은 이스라엘과 열방에게 **앞으로** 무슨 일이 일어날 것인지에 대해서뿐만 아니라, 하나님이 **이미** 그들을 위해, 그들에게, 그리고 그들을 통해서 무엇을 하셨는지, 따라서 이제 그들이 지금 그분에게 어떻게 응답해야 하는지에 대해서도 말했다.

예언자들은 이스라엘과 열방이 모든 시간을 여호와의 통치와의 관계 속에서 이해하기를 바랐는데, 이것은 요한계시록에 등장하는 요한의 예언에서도 마찬가지다. 분명히 요한은 미래에 일어날 일에 대해 말한다. 특별히 요한계시록 20:7-22:5이 그렇다. 하지만 그는 과거에 일어난 일에 대해서도 이야기하고 그것에 대해 예언자적 해석을 제공하기도 한다. 이에 대한 가장 분명한 예는 요한계시록 12:1-6에서 발견된다. 거기서 요한은 분명하게 비유적인 이미지를 사용해 예수 그리스도의 탄생과 부활을 묘사한다. 그

9 Bauckham, *The Theology of the Book of Revelation*, 4-5; Beale, *John's Use of the Old Testament in Revelation*, 100, 109-10.

러나 구약성경의 예언서들 중 많은 부분에서 그렇듯이 요한계시록에는 과거와 미래에 대한 언급들도 등장하지만, 요한은 자신의 독자에게 무엇보다도 현재에 관해 말하는 것에 관심을 쏟는다. 우리는 요한의 환상을 1세기 그리스도인들의 현재와 우리 자신의 현대적 상황 모두에 초점을 맞추면서 읽을 필요가 있다. 1세기 독자들에게 적절하지 않거나 그들이 이해할 수 없는 방식의 본문 해석은 요한이 한 말의 요점을 놓치는 것이 될 수 있다.

3) 묵시

마지막으로, 요한의 묵시록은 말 그대로 묵시적인 책이다. 이것은 적어도 세 가지를 의미한다.[10] 첫째, 묵시 문학은 대개 천사급 중재자들을 통해 저자에게 주어진 환상이라는 형태로 제시된다. 이것은 요한이 실제로 하나님의 전령들에게 환상을 받았는지 우리가 의심해 보아야 한다는 의미가 아니다. 오히려 이것은 요한이 이런저런 공통의 묵시문학적 장치들을 사용함으로써 요한계시록을 묵시적 장르와 의도적으로 연결시키고 있다는 것을 의미한다.

둘째, 묵시적인 책들은 비유적인 묘사를 많이 사용하는 경향이

---

10 묵시라는 장르에 관한 보다 상세한 논의를 위해서는, David E. Aune, *Apocalypticism, Prophecy, and Magic in Early Christianity* (Grand Rapids: Baker Academic, 2006), 39-65; 그리고 Bauckham, *The Climax of Prophecy*, 38-91을 보라.

있다. 요한계시록은 구약성경의 이미지들을 풍성하게 사용하고 또한 수많은 상징들을 사용한다.[11] 요한계시록을 읽을 때 우리는 요한이 이런 상징적 이미지들을 사용해 신학적 진리들을 전달하는 방식을 이해할 필요가 있다. 예컨대, 요한계시록 11장에 등장하는 두 증인은 교회를, 그리고 교회가 순교를 통해 세상에 예수 그리스도에 대해 증언하는 것을 상징한다.[12] 이 책의 묵시적 장르와 요한이 반복해서 이미지들을 사용하는 것을 감안한다면, 미래에 예루살렘 성전 앞에 서 있을 특별한 두 사람이 누구인지를 알아내려 하기보다는 이런 이미지들과 그것들이 전달하고자 하는 메시지의 영적 · 신학적 의미에 초점을 맞추는 것이 훨씬 더 적절한 일이 될 것이다.

셋째, 묵시적인 책들은 역사의 종말에 초점을 맞춘다. 요한계시록의 질문은 이것이다. "여호와께서는 죄와 죽음과 사탄을 어떻게 최종적으로, 그리고 완벽하게 처리하실 것인가?" 다른 묵시적인 책들에서 이 문제는 여호와의 최후의 심판 – 종말에 여호와가 이스라엘로 돌아오시는 것과 함께 이루어질 심판 – 에 감싸여 있다. 이것은 요한에게도 마찬가지다. 하지만 한 가지 차이는 요한이 여호와의 돌아오심과 구원의 종말론적 – 즉, 마지막 때의 – 행위를

11 요한이 이런 장치들을 사용하는 방법에 관해 더 알고자 한다면, "문학적 장치들" 단락을 보라.

12 Beale, *The Book of Revelation*, 556-620을 보라.

두 단계로 본다는 점이다. 즉 그리스도의 초림과 재림으로 본다는 것이다. 역사의 종말은 예수의 삶과 사역과 더불어 시작되고 그분의 육체적 재림과 더불어 끝난다. 그러므로 이런 종말론적 설정에는 "'이미'와 '아직'의 긴장"이 존재한다. 또한 요한은 무엇보다도 이런 시간들 사이에서, 즉 그리스도의 죽음과 부활 안에서 이루어진 사탄의 패배와 예수의 재림 때 이루어질 사탄의 최종적 파멸 사이에서 어떻게 살아야 할 것인가에 관심을 갖는다. 분명히 요한은 우리가 종종 "종말"이라고 여기는 것, 즉 예수의 재림과 최후의 심판(20:7-22:5)에 관해서도 말하지만, 주로 그는 그의 독자들에게 현세에서, 즉 사탄이 쓰러지기는 했으나 아직 완전히 파멸하지는 않은 이 시대에 바르게 살아갈 것을 촉구하는 데 더 관심을 쏟는다(12:7-17).

이 세 가지 장르(편지, 예언, 묵시)는 독자들에게 요한의 독자가 누구이며 그의 목적이 무엇인지를 분명하게 알려 준다. 요한은 분명히 1세기 독자에게 당시의 상황과 관련된 편지를 써서 그들이 직면하고 있는 특별한 시험들을 견디라고 격려하고 있다. 하지만 그가 예언과 묵시적 표현들을 사용한 것은 자신의 메시지가 그때와 오늘에 속한 모든 그리스도인에게 읽히고, 믿어지고, 추

> 1세기 혹은 21세기 그리스도인들에게 요한계시록이 제공하는 교훈은 동일하다. "주 예수 그리스도 안에 굳건하게 서라."

종되기를 바라고 있었음을 알려 준다. 1세기 혹은 21세기 그리스도인들에게 요한계시록이 제공하는 교훈은 동일하다. 하나님의 적들이 어떻게 공격해 올지라도 주 예수 그리스도 안에 굳건하게 서라는 것이다. 왜냐하면 그리스도가 돌아오실 때 삼위일체 하나님이 모든 것을 바로잡아 주실 것이기 때문이다.

문학적 장치들

성경 문학을 이해하는 데 필요한 또 다른 방법은 저자가 사용하고 있는 문학적 장치들을 파악하는 것이다. 그것은 종종 장르와 관련되어 있다. 요한의 경우에, 예언이라는 장르와 묵시라는 장르는 요한계시록을 이해하는 데 꼭 필요한 세 가지 중요한 문학적 기술들을 지원한다.

1) 발생 반복

예언이라는 장르는 요한에게 "발생 반복"(recapitulation)이라고 알려진 기술을 제공한다. 이 문학적 장치는 앞선 자료-이 경우에는 구약성경으로부터 나온 자료들-를 취해 요약하고 융합하는 것을 추구한다. 이에 대한 가장 분명한 예는 요한이 바벨론의 음녀를 묘사하는 단락에서 나타난다(17-18장). 요한은 그녀에 대해 묘사하면서 구약성경의 여러 예언자들이 이스라엘의 적들-두로, 시돈, 바벨론, 애굽 – 을 묘사할 때 사용했던 말과 표현들을 끌어온다.[13] 유사한 상황이 심판 단락에서 발생한다. 거기에서 요한은 주로 애굽의 재앙들과 구약성경에서 나타나는 하나님의 심판에 관한 다른 예들에 등장하는 표현들을 끌어온다(예를 들면, 요엘 1:4에 나오는 황충).[14] 요한은 하나님, 그분의 백성, 그리고 그분의 적들과 관련된 사건들을 성경에서 발견되는 다양한 표현들을 융합하고 요약하는 방식으로 묘사하려 하고 있다. 그러므로 요한계시록을 읽을 때 우리는 구약성경의 비유적인 표현들에 익숙해질 뿐 아니라 요한이 그의 책에 묘사한 사건들이 그 모든 이미지들의 성취, 즉 그것들이 예언적으로 지적하는바 최종적인 '발생 반복'이라고 말하고 있다는 사실을 깨닫는 것이 중요하다.

2) 비유적 표현

묵시라는 장르는 요한이 사용한 다른 두 가지 핵심적인 문학적 장치들을 제공한다. 하나는 비유적 표현이고, 다른 하나는 상징적 숫자들이다.[15] 후자는 본질적으로 전자의 부분 집합이지만, 다음에 별도로 논의할 것이다. 그 책 전체에 대한 단서, 즉 요한계시록

---

13 Bauckham, *The Theology of the Book of Revelation*, 20-21.

14 Bauckham, *The Climax of Prophecy*, 204-207.

15 각각에 대한 보다 상세한 논의를 위해서는, ibid., 30-38; idem, *The Theology of the Book of Revelation*, 17-22; Beale, *The Book of Revelation*, 50-69를 보라.

이라는 지도를 열어 볼 수 있는 열쇠는 요한이 그 책 전체에서 현실을 묘사하기 위해 그림 언어들을 사용하고 있음을 깨닫는 것이다. 그 윤곽 지도의 중심에 요한계시록 1:20이 있다. 그리스도가 일곱 촛대 한가운데서 일곱 별을 잡고 계신 것을 묘사한 후, 요한은 예수께서 자신에게 다음과 같이 말씀하셨다고 기록한다. "네가 본 것은 내 오른손의 일곱 별의 비밀과 또 일곱 금 촛대라 일곱 별은 일곱 교회의 사자요 일곱 촛대는 일곱 교회니라." 요한은 우리에게 자신이 본 환상이 생생한 드라마라는 것, 그리고 그런 환상적인 이야기를 이해하려면 그가 사용하는 상징들을 우리가 이해해야 한다는 것을 이보다 더 분명하게 알려 줄 수는 없었을 것이다. 적어도 여기에서 우리는 촛대들이 교회들과, 그리고 별들이 천사들과 동일하다는 말을 듣는다.

요한의 표현을 이해하기 위해 필요한 또 다른 핵심 구절은 요한계시록 12:1-6이다. 여기에서 요한은 한 여인이 아이를 낳고 용에게 추격당하는 이야기를 한다. 요한계시록 12:4-5은, 특히 "철장으로 만국"을 다스리는 것에 대한 언급(또한 시 2:9을 보라)은, 그 아이가 메시아 예수임을 의미한다. 그리고 이것은 그 여자가 마리아임을 확인해 준다. 그러나 마리아에 대한 이런 묘사는 비유적이기 때문에 - "해를 옷 입은 한 여자가 있는데 그 발아래에는 달이 있고 그 머리에는 열두 별의 관을 썼더라"(12:1) - 우리는 그가 사용하는 표현을 좀 더 면밀하게 살펴볼 필요가 있다. 또 우리는 이 구절에서 사탄이 별들을 집어던지는 용으로 묘사되는 것을 본다. 그러므로 이런 서술을 이해하고자 할 때 다시 우리는 요한이 비유적 표현–1:20에서 천사들을 의미하는 별들과 같은 표현–을 사용하고 있음을 기억할 필요가 있다.

그렇다면 요한계시록을 읽을 때 중요한 것은 요한이 사용하는 이미지들을 이해하는 것이며, 그것들이 요한이나 그의 독자에게는 아무런 관련이 없는 현대의 사건들에 관해서만 말하고 있다고 억측하지 않는 것이다. 예컨대, 우리는 요한계시록 9:7-11에서 다섯 번째 나팔이 울림으로써 풀려난 황충이 아파치 헬리콥터를 뜻한다고 말하기보다 요한의 1세기 독자들에게도 역사적으로 상관있었던 이 이미지를 통해 전해지고 있는 보편적인 신학적 진리를 식별하려고 애써야 한다.

3) 숫자들

이런 비유적 표현들 외에도, 요한은 숫자들을 상징적으로 사용한다.[16] 이 방법은 묵시적 작품들에서 나타나는 표준화된 관습이었고 구약성경의 예언서들에서도 사용되었다. 우리가 처음으로 이런 숫자적 상징을 발견하는 것은 예수께서 별들에 대해 설명하

16 Bauckham, *The Climax of Prophecy*, 29-37.

실 때, 그리고 촛대라는 이미지에서 7이라는 숫자를 사용하시는 장면에서다(1:20). 구약성경의 저자들, 그리고 다른 묵시문학적 작가들은 7이라는 숫자를 사용해 보편성을 의미한다. 예수께서 일곱 교회에 대해 말씀하실 때, 그분은 단지 개별적인 일곱 교회들에 대해서만이 아니라 하나님의 온 교회에 대해 말씀하고 계신 것이다. 마찬가지로, 요한이 편지를 쓰고 예수께서 메시지를 보내신 그 일곱 교회의 특정한 회중은 하나님의 보편적 교회를 대표한다.

요한계시록에 나타난 중요한 숫자들과 그 숫자들이 상징하는 내용

숫자	상징하는 내용
2	구약성경에서 증인들의 수
3	삼위일체(혹은 삼위일체의 대적들)
4	창조
6	인간, 그리고 (아마도) 불완전성
12	(특히 하나님 백성의) 온전함 혹은 완성

요약하자면, 요한계시록을 해석하기 위해 우리는 요한이 요한계시록을 썼던 방식으로 그것을 해석할 필요가 있다. 즉 비유적으로, 상징적으로 해석할 필요가 있다. 요한이 상징과 이미지들을 사용한 것을 인정한다고 해서 요한계시록의 진정성을 부정하

는 게 아니다. 전혀 그렇지 않다. 오히려 요한계시록은 현실을 그림을 보는 듯 생생하게 묘사한다. 그러므로 독자로서 우리가 해야 할 일은 우리의 상상력을 새로운 방향으로 향하게 함으로써 요한의 환상을 우리 시대의 방식으로 이해하고 적용하는 것이다. 우리가 순교의 위협, 경제적 파산 가능성, 혹은 심지어 보다 광범위한 문화로부터 다가오는 우리의 기독교 신앙에 대한 조롱과 마주할 때, 요한계시록은 우리에게, 현재 우리가 처한 상황이 불편하거나 심지어는 비참하다고 할지라도, 선하시고 주권적이신 삼위일체 하나님께서 그분을 사랑하는 이들을 위해 모든 것이 합력하여 선을 이루도록 해 주실 것임을 상기시켜 준다.

| 읽어 볼 글들 |

- 요한계시록 1:9-20
- 다니엘 7, 9장
- 요한계시록 12-14장

| 생각해 볼 질문 |

01 요한계시록 1:20, 그리고 그 구절에 기록된 별들과 촛대들에 대한 설명은 우리가 요한계시록의 나머지 부분을 이해하는 데 어떻게 도움이 되는가?

02 요한계시록은 특정한 독자에게 보낸 편지다. 그 독자는 역사적이기도 하고 보편적이기도 하다. 이 사실은 당신이 요한계시록을 읽고 이해하는 방식을 어떻게 변화시키는가?

3장

구속의 드라마

이야기와 구조

종종 요한계시록이 앞서 언급한 세 가지 장르로 확인되기는 하나, 우리는 거기에 이야기(narrative)라는 네 번째 장르를 덧붙일 수 있다. 요한계시록에서 요한은 하나의 이야기, 즉 그리스도가 자신의 초림과 재림을 통해 사탄과 죄와 죽음에 대해 승리를 거두는 이야기를 전한다. 이야기라는 형식이 가장 분명하게 드러나는 것은 요한계시록 12-14장에서다.

하지만 요한은 자신의 책을 성경 이야기 전체의 완성으로 여기는 것처럼 보이기도 한다. 그는 그리스도의 초림과 재림 사역을 창조 및 타락의 이야기(창 1-3장)와 연결시킨다.[17] 특별히 요한계시

17 Matthew Y. Emerson, *Christ and the New Creation: A Canonical Ap-*

록 21-22장에 실려 있는 새 하늘과 새 땅에 대한 요한의 환상은 피조물을 타락의 결과로부터 회복하고 갱신시키는 그리스도의 구속 사역의 완성이다.[18]

요한은 이 구속의 드라마-그 안에서 삼위일체 하나님은 성육신하신 아들의 사역을 통해 자신의 백성과 모든 피조물을 구속하신다-를 말하는 과정에서 반복적이고 서로 맞물리는 구조를 사용한다.[19] 요한계시록 1장은 책의 내용을 소개하고, 2-3장은 교회들에게 보내는 예수의 메시지를 열거하고, 4-5장은 하나님의 보좌실에 대해 묘사한다. 그리고 이어서 요한계시록의 대부분은 연이어 발생하는 심판 단락에 집중하는데, 그것은 5장에서 예수가 두루마리를 펼칠 수 있는 분으로 확인되기 때문이다.

이런 심판 단락은 반복적이다. 그러하기에 요한계시록에서 묘사되는 사건들이 반드시 연대기적인 것은 아니다. 몇 차례에 걸쳐 요한은 동일한 이야기를 전한다. 그 이야기는 같은 지점에서 끝나지만 서로 다른 표현을 사용한다. 이렇게 반복적이고 서로 맞물려 있는 구조를 살피는 가장 쉬운 방법은 각각의 심판 단락에 등장하

---

proach to the Theology of the New Testament (Eugene, OR: Wipf & Stock, 2013), 151-60.

18 William Dumbrell, *The End of the Beginning: Revelation 21-22 and the Old Testament* (Eugene, OR: Wipf & Stock, 2001).

19 Craig Koester, *Revelation and the End of All Things* (Grand Rapids: Eerdmans, 2001).

는 마지막 인, 나팔, 그리고 대접을 묘사하는 구절들을 살피는 것이다.

여섯 번째 인(6:12-17) "내가 보니 여섯째 인을 떼실 때에 큰 지진이 나며 해가 검은 털로 짠 상복같이 검어지고 달은 온통 피같이 되며 하늘의 별들이 무화과나무가 대풍에 흔들려 설익은 열매가 떨어지는 것같이 땅에 떨어지며 하늘은 두루마리가 말리는 것 같이 떠나가고 각 산과 섬이 제자리에서 옮겨지매 땅의 임금들과 왕족들과 장군들과 부자들과 강한 자들과 모든 종과 자유인이 굴과 산들의 바위틈에 숨어 산들과 바위에게 말하되 우리 위에 떨어져 보좌에 앉으신 이의 얼굴에서와 그 어린양의 진노에서 우리를 가리라 그들의 진노의 큰 날이 이르렀으니 누가 능히 서리요 하더라"

일곱 번째 인(8:1-5) "일곱째 인을 떼실 때에 하늘이 반시간쯤 고요하더니 내가 보매 하나님 앞에 일곱 천사가 서 있어 일곱 나팔을 받았더라 또 다른 천사가 와서 제단 곁에 서서 금향로를 가지고 많은 향을 받았으니 이는 모든 성도의 기도와 합하여 보좌 앞 금제단에 드리고자 함이라 향연이 성도의 기도와 함께 천사의 손으로부터 하나님 앞으로 올라가는지라 천사가 향로를 가지고 제단의 불을 담아다가 땅에 쏟으매 우레와 음성과 번개와 지진이 나더라"

일곱 번째 나팔(11:15-19) "일곱째 천사가 나팔을 불매 하늘에 큰 음성들이 나서 이르되 세상 나라가 우리 주와 그의 그리스도의 나라가 되어 그가 세세토록 왕 노릇 하시리로다 하니 하나님 앞에서 자기 보좌에 앉아 있던 이십사 장로가 엎드려 얼굴을 땅에 대고 하나님께 경배하여 이르되 감사하옵나니 옛적에도 계셨고 지금도 계신 주 하나님 곧 전능하신 이여 친히 큰 권능을 잡으시고 왕 노릇 하시도다 이방들이 분노하매 주의 진노가 내려 죽은 자를 심판하시며 종 선지자들과 성도들과 또 작은 자든지 큰 자든지 주의 이름을 경외하는 자들에게 상 주시며 또 땅을 망하게 하는 자들을 멸망시키실 때로소이다 하더라 이에 하늘에 있는 하나님의 성전이 열리니 성전 안에 하나님의 언약궤가 보이며 또 번개와 음성들과 우레와 지진과 큰 우박이 있더라"

일곱 번째 대접 (16:17-21) "일곱째 천사가 그 대접을 공중에 쏟으매 큰 음성이 성전에서 보좌로부터 나서 이르되 되었다 하시니 번개와 음성들과 우렛소리가 있고 또 큰 지진이 있어 얼마나 큰지 사람이 땅에 있어 온 이래로 이같이 큰 지진이 없었더라 큰 성이 세 갈래로 갈라지고 만국의 성들도 무너지니 큰 성 바벨론이 하나님 앞에 기억하신 바 되어 그의 맹렬한 진노의 포도주 잔을 받으매 각 섬도 없어지고 산악도 간 데 없더라 또 무게가 한 달란트나 되는 큰 우박이 하늘로부터 사람들에게 내리매 사람들이 그 우박의 재앙 때문에 하나님을 비방하니 그 재앙이 심히 큼이러라"

이런 심판들 사이에는 우리가 요한계시록의 구조를 이해하도록 돕는 최소한 두 가지의 적절한 연결 관계가 존재한다. 첫째, 이런 심판들 각각은 마지막 때에 있을 여호와의 임재와 심판을 보여주는 묵시적 표현을 포함하고 있다. 이것은 특히 우박, 우레, 번개, 지진, 연기, 그리고 불에 관한 말 속에서 분명하게 드러난다. 이런 이미지들은 신의 현현 혹은 "하나님의 나타나심" – 여호와께서 도착하셨다 – 에 대한 징표들이다.[20] 다시 말해, 이런 이미지들은 그리스도의 재림 혹은 여호와께서 세상에 임재하시는 일의 완성에 대한 징표들이다.

또한 여섯 번째 인과 일곱 번째 대접은 특별히 교훈적이다. 이것은 모두 하나님의 임재를 피해 달아나는 섬들과 산들에 대한 묘사를 포함하고 있기 때문이다. 이 표현은 최후의 종말론적 심판에 대해서(20:7-15에서 발견되는 것과 같은), 혹은 자신에게 대적하는 모든 자들에 대한 여호와의 "거룩한 전쟁"에 대해서 말한다.[21] 이런 구절들 각각에서, 그리고 요한계시록 20:11에서 시작되는 최후의 심판에서 우리는 피조물이 하나님으로부터 달아나고 있음을 발견한다.

---

20 Richard Bauckham, *The Theology of the Book of Revelation* (New Testament Theology; James D. G. Dunn, ed.; Cambridge: Cambridge University Press, 1993), 41-42.

21 G. K. Beale, *The Book of Revelation* (NIGTC; Grand Rapids: Eerdmans, 1999), 397-402.

일곱 번째 인이 풀린 후에 나타난 하늘에서의 침묵 역시 최후의 심판을 알리는 표시이다. 구약의 예언서들에서 침묵은 여호와의 심판 앞에서 스스로를 옹호하지 못하는 악한 나라들의 무능력을 의미했다. 그러므로 온 세상이 잠시 침묵한 것 역시 심판, 특히 최후의 종말론적 심판을 가리킨다(사 65:1-2; 슥 2:13을 보라).[22]

둘째, 그리고 아마도 더 중요하게, 이런 최후의 심판들 각각은 일곱 번의 각각의 단락 안에서 세상의 어느 한 부분이 아니라 온 세상에 해당된다. 처음 다섯 번의 인 심판에서는 세상의 1/4만이 영향을 받는다. 처음 여섯 번의 나팔 심판에서는 1/3만이 영향을 받는다. 그리고 처음 여섯 번의 대접 심판에서는 짐승의 표를 가진 자들만이 하나님이 퍼부으시는 진노의 결과를 경험했다. 그러나 여섯 번째와 일곱 번째 인, 일곱 번째 나팔, 그리고 일곱 번째 대접 심판에 이르러서는 온 세상이 심판을 경험한다. 다시 말해, 각 단락 안에서 최후의 심판은 "최종적인 것"처럼 보인다. 그러므로 우리가 요한계시록의 구조에 관해 말할 수 있는 첫 번째 내용은 그 책 전체에서 나타나는 세 차례의 주요한 심판 단락은 사실상 서로 다른 표현을 사용하면서 동일한 현실을 묘사하고 있는 것처럼 보인다는 것이다. 이런 단락(인들, 나팔들, 대접들)의 양쪽 끝에는 그리스도의 죽음과 부활(5:5-6), 그리고 그분이 재림하실 때 이

22 Beale, *The Book of Revelation*, 451.

루어질 최후의 심판이 각각 놓여 있다(20:7-15).

이런 세 차례의 심판 단락의 한가운데서 또 다른 구조적인 반복이 나타난다. 각 단락 안에서 최후의 심판 직전이나 직후에 요한은 여호와께서 자신의 백성에게 신실하신 것에 대한 환상을 제공한다. 요한계시록 7:1-17에서 하나님의 신실하심은 144,000명과 "각 나라와 족속과 방언"이라는 말을 통해, 요한계시록 11:1-14에서는 두 증인이라는 이미지가 사용되는 것을 통해 표현된다. 그리고 재앙과 대접의 마지막 심판 단락 직전에, 요한계시록 14장에서 요한은 144,000이라는 표현을 반복하고 또한 종말에 있을 하나님의 큰 추수 광경을 시각화한다.[23]

우리가 지금까지 살핀 바에 따르면 요한계시록의 내용은 다음과 같다. 1) 1-3장: 서론, 2) 4-5장: 하나님의 주권에 대한 묘사, 3) 6-11장과 14-16장: 하나님의 신실하심에 대한 묘사와 뒤섞이면서 반복해서 나타나는 심판 단락. 그렇다면 남아 있는 12-13장과 17-22장에는 어떤 내용이 들어 있을까? 그 장의 내용은 무엇보다도 이야기다. 그리고 요한계시록의 나머지 부분이 반복적인 환상인 반면, 이 장들은 시작, 중간, 그리고 종결을 가진 하나의 이야기를 전한다.

---

23 인과 대접이 어떻게 서로를 반영하는지에 다시 한 번 주목하라. 최후의 심판 때 섬들과 산들은 달아난다. 그리고 하나님의 신실하심은 144,000이라는 숫자를 통해 표현된다.

12장과 13장은 예수의 탄생과 승천으로 시작되고, 교회가 하나님의 적들의 손에서 겪는 시련을 이야기하고, 14장과 하나님의 최후의 심판에서 절정에 이른다.[24] 17장과 18장은 교회와 대응 관계에 있는 바벨론의 음녀에 관한 이야기를 전한다. 신부는 신실하고 순결한 반면, 음녀는 짐승에게 예속되어 있고, 불결하며, 정치적으로나 성적으로 부정직하다. 요한은 19:1-10에서 독자들에게 신부(독자들도 그리스도의 신부이다)의 특성과 신랑의 특성을 상기시킨 후, 19장의 나머지 부분에서는 정복하는 왕이신 그리스도께서 음녀와 짐승과 거짓 선지자를 파멸시키시는 것에 대해 묘사한다.

이어서 20:1-6은 12-13장과 17:1-19:10의 모든 내용을 요약하고, 20:7-15에서는 그리스도의 최후 승리와 이어지는 심판 이야기가 재개된다. 세상이 죄의 근원인 용과 죄의 모든 결과들로부터 벗어날 때 그리스도께서 만물을 새롭게 하시고 새 예루살렘/성전/동산 안에서 영원히 그분의 백성과 함께 거하신다(21:1-22:5). 그러므로 이 이야기는 그리스도의 초림에서부터 재림에 이르기까지 하나님과 그분의 백성에 관한 이야기를 전하면

> 요한의 목적은 우리가 주님이 통치하신다는 사실을 깨닫고, 죽기까지 계속해서 그분을 사랑하도록 촉구하기 위함이다.

24 12-13장과 15-16장 사이에서 14장이 하나님의 신실하심을, 그 뒤로는 여자와 용에 관한 이야기로, 그리고 앞으로는 세 번째 심판 단락으로 연결시키는 다리 역할을 하는 것에 주목하라.

서 하나님께 끝까지 신실할 것을 교회에게 다시 한 번 촉구한다. 이렇게 보다 연대기적으로 배열된 이야기는 서로 맞물리면서 반복되는 심판 단락과 함께 하나님의 모든 백성을 향해 동일한 메시지를 전한다. 요한이 이렇게 심판 단락과 이야기들을 되풀이하는 목적은, 우리가 주님이 통치하신다는 사실을 깨닫고, 죽기까지 계속해서 그분을 사랑하도록 촉구하기 위함이다.

시련의 때: 마지막 날들

우리가 요한계시록의 장르, 문학적 장치들, 그리고 구조를 살피면서 보았듯이, 요한계시록은 단순히 종말에 관해서가 아니라 역사 속에서 하나님의 백성이 처한 상황에 관해 이야기한다. 요한은 이것을 문학적 장치를 통해서뿐만 아니라 명시적인 진술과 구약성경에 대한 언급들을 통해서도 분명하게 밝힌다.[25] 1장에서부터 요한은 자신이 본 환상이 과거, 현재, 미래에 일어나는 사건들을 포함할 것임을 보여 준다. 요한계시록 1:19은 이렇게 전한다. "그러므로 네가 본 것과 지금 있는 일과 장차 될 일을 기록하라." 이 구절에서 시간의 삼중 구분 – 과거, 현재, 미래 – 이 나타나는 것에 주목하라. 요한이 이 삼중 구분을 염두에 두고 있었음은 그가 요

25 요한이 구약성경을 사용하는 방법에 관한 보다 상세한 논의를 위해서는, Beale, *The Theology of the Book of Revelation*, 76-99를 보라.

요한계시록은 단순히 종말에 관해 서가 아니라 역사 속에서 하나님의 백성이 처한 상황에 관해 이야기한다.

한계시록의 나머지 부분에서 쓴 내용을 통해서도 분명하게 드러난다.

다시 요한계시록 12:1-6이 열쇠 노릇을 한다. 요한이 거기에서 기록하고 있는 이야기는-분명히 그것은 예수의 죽음과 부활에 대한 언급이다-요한의 (그리고 그의 독자들의) 과거에 아주 분명하게 존재했기 때문이다. 이것은 요한계시록의 독자들이 이해해야 할 핵심적인 사항이다. 왜냐하면 너무나 자주 우리는 요한계시록을 주로 세계 역사의 마지막 시대에만 적합한 암호로 읽기 때문이다. 그러나 여러 다른 많은 구절들과 함께 요한계시록 1:19과 12:1-6은 이런 식의 읽기를 지지하지 않는다.

요한은 자신의 독자들이 과거와 현재뿐 아니라 미래를 이해하도록 돕고자 한다는 것에 대한 또 다른 징표는 그가 요한계시록 1:1, 19, 그리고 4:1에서 다니엘 2:28을 인용한 것이다.[26] 다니엘 2장에서 그 예언자는 분명히 "후일에" 메시아가 오실 것을 내다보고 있다. 그리고 요한은 "장차"("이 후에")라는 표현을 다니엘의 "후일에"라는 구절처럼 사용하고 있다.

---

26 요한이 다니엘 2:28을 사용한 것에 관한 보다 상세한 논의를 위해서는, G. K. Beale, *John's Use of the Old Testament in Revelation* (Sheffield: Sheffield Academic, 1998), 165-91을 보라.

다니엘 2:28	요한계시록 1:1, 19; 4:1
"오직 은밀한 것을 나타내실 이는 하늘에 계신 하나님이시라 그가 느부갓네살 왕에게 **후일에 될 일**을 알게 하셨나이다"	"예수 그리스도의 계시라 이는 하나님이 그에게 주사 **반드시 속히 일어날 일**들을 그 종들에게 보이시려고" "그러므로 네가 본 것과 지금 있는 일과 **장차 될 일**을 기록하라" "이리로 올라오라 **이 후에 마땅히 일어날 일**들을 내가 네게 보이리라"

다니엘서 2장의 문맥은, "후일"에 대한 설명과 함께, 이 종말의 기간이 예수의 초림부터 재림까지의 전 기간을 포괄하고 있음을 알려 준다. 이것은 구약의 다른 예언서들이 "후일"(문자적으로는 "마지막 날들"을 의미한다. – 역주)이라는 표현을 사용하는 방식과 상관이 있다. 모세오경으로부터 말라기에 이르기까지 히브리 성경 전체를 통해 그 표현은 그리스도의 초림 때 일어날 일, 즉 하나님 백성의 회복, 하나님의 적들의 패배, 그리고 고난받는 종의 사역에 대해 말하는 데 사용된다. (고난받는 종은 이사야서[특히 41-55장]에서 자신의 대속적 죽음과 부활을 통해 이스라엘과 열방을 그들의 죄로부터 구원하는 여호와의 메시아적 종으로 묘사된다.)

여전히 언급되지 않고 있는 것은 최후의 심판이다. 요한계시록은 그것에 대해 상세히 밝히지만, 그 내용은 그 책의 끝부분에 가서야 등장한다. 그러므로 요한계시록을 읽을 때 우리는 우리의 눈과 귀와 마음을 이 책의 메시지가 처음에 비롯되었던 직접적인 상황에 처해 있던 애초의 독자에게뿐 아니라, 역사 전체를 통해서, 그리고 오늘날까지도 교회에 어떤 의미가 있는지를 살피는 데 맞춰야 한다. 요한은 하나님의 백성에게 마지막 때 – 그 시기는 예수의 성육신부터 그분의 재림 때까지 이어지며, 또한 그러하기에 요한의 과거[27]와 현재로부터 그의 미래에까지 확대된다 – 에 어떻게 살아야 하는지에 대해 설명하기를 원하기에, 우리는 그의 설명이 하나님의 모든 백성에게 지속적인 적합성을 갖는다고 확신할 수 있다.

마지막으로, 요한계시록의 신학적 메시지들 중 하나 – 하나님은 과거, 현재, 미래 할 것 없이 온 역사를 통하여 통치하신다 – 는 요한계시록이 단순히 미래뿐 아니라 과거와 현재에도 관심을 갖고 있다는 사실에 대한 또 다른 징표다. 요한은 독자들에게 하나님 통치의 범위를 보이기 위해 "이제도 계시고 전에도 계셨고 장차 오실 이"(1:4b, 8; 4:8)와 같은 표현과 그것의 변형들(11:17; 16:5)은 물론이고, "나는 알파와 오메가요 처음과 마지막이라"(1:8, 17; 21:6; 22:13) 같은 표현들을 사용한다. 하나님은 단순히 미래에만

27 요한계시록이 과거를 가리키고 있다고 말하는 것은 이상하게 보일지 모른다. 하지만 분명히 요한은 몇 군데에서, 특히 12:1-5에서 그렇게 하고 있다. 거기에서 요한은 예수의 성육신, 죽음, 그리고 부활을 비유적으로 언급하는데, 그 모든 것은 요한의 (따라서 독자들의) 과거에 속한 문제들이다.

아니라 현재와 과거에도 통치하신다.[28] 요한에게 하나님의 현재의 통치는 특히 중요한데, 그것은 그가 편지를 쓰는 일차적 목적이 독자들에게 그리스도가 돌아오실 때까지 **그들의 현재 상황 속에서** 하나님께 충실하도록 권면하는 것이기 때문이다. 교회가 박해를 당하고, 그들이 얻을 수 있는 쾌락에 굴복하라는 유혹을 받고, 또한 계속해서 거짓 선지자들과 마주할 때, 요한은 그들에게 하나님이 온 역사를, 특히 그들이 처한 현재의 상황을 주관하시는 주님이심을 상기시킨다. 그들의 시련 한가운데서 하나님은 여전히 통치하고 계시며 끝까지 통치하실 것이다.[29] 우리가 우리를 둘러싼 문화나 정권으로부터 박해를 경험하든, 재앙이나 질병이나 경제적 침체로 인한 비극이나 역경을 경험하든, 하나님은 선하시며 계속해서 통치하신다.

---

28 Bauckham, *The Theology of the Book of Revelation*, 23-30을 보라. 또한 보컴은 이런 표현들이, 특히 "나는 알파와 오메가요"라는 표현이 요한계시록에 구조를 제공한다고 주장하는데, 그것은 그런 표현들이 프롤로그에서, 환상의 시작 부분과 마지막 부분에서, 그리고 결론 부분에서 나타나기 때문이다. Ibid., 57-58.

29 Koester, *Revelation and the End of All Things*, 57.

| 읽어 볼 글들 |

- 요한계시록 6-11장
- 요한계시록 15-16장
- 다니엘 2장
- 다니엘 12장

| 생각해 볼 질문 |

01 당신이 분투하는 중에도 하나님이 통치하신다는 사실을 아는 것은, 하나님께 대한 당신의 믿음을 어떻게 굳건하게 만드는가?

02 요한계시록에 들어 있는 각각의 장르(편지, 예언, 묵시)를 아는 것은 요한계시록에 접근하는 방식에 어떤 영향을 주는가? 어떤 작품의 장르를 아는 것이 그 작품(책이든, 영화이든, 그림이든)을 이해하고 해석하는 방식에 어떻게 영향을 주는지 현대적 예를 들 수 있는가?

4장

하나님과 그분의 백성에 대한 서술

그리스도 안에 계신 하나님에 대한 요한의 묘사

요한계시록의 극적인 이야기에는 주요 인물 셋이 등장한다. 즉, 삼위일체 하나님, 그분의 백성, 그리고 그분의 적들이다. 그 셋 중 가장 중요한 인물은 단연코 첫 번째다. 그리고 특히 주인공 역할을 하는 존재는 성육신하시고 삼위의 두 번째 위이신 주 예수 그리스도이시다. 본질적으로 요한계시록은 하나의 이야기이다. 그리고 그 이야기의 주인공은 십자가에 달리셨다가 부활하신 주님이시다. 예수는 요한의 첫 번째 환상의 대상이시다. 그분은 심판과 구원을 이루어 나가시는 분이다. 그리고 요한계시록의 끝에서 그분의 구속 사역을 완성하신다.

요한계시록에서 예수의 중요성에 주목하는 것은 삼위일체의 중요성을 부정하는 것이 아니다. 오히려 성자의 성육신은 삼위일체 하나님이 구원을 이루시는 수단이다. 요한은 요한계시록 전체를 통해–4, 5장에 등장하는 성부와 성자 모두의 보좌실 장면으로부터 6–11장에 등장하는 심판과 긍휼 모두를 쏟아부으시는 성자의 능력에 대한 확인으로서 그분의 구속 사역에 대한 설명에 이르기까지, 그리고 12–14장에 등장하는 시련 기간 내내 신자들을 신실하게 인 치시고 보존하시는 성령의 능력에 대한 묘사에 이르기까지–삼위 하나님의 통일된 활동을 강조한다.

교회를 위한 삼위일체 하나님의 활동에 대한 요한의 강조는 하나님에 관한 세 가지 근본적인 진리를 전달한다. 첫째, 하나님은 그분의 백성인 교회와 함께 계신다. 우리는 이 사실을 특히 요한계시록 2장과 3장에서 발견하는데, 그곳에서 예수는 교회에 자신의 전령인 천사를 보내어 자신이 성령을 통해 임재하신다는 것과 그들에게는 끝까지 견뎌야 할 언약적 책임이 있음을 상기시키신다. 둘째, 요한계시록에서 삼위일체 하나님은 통치하고 지배하시는 하나님, 즉 요한계시록 4장과 5장에 등장하는 보좌에 앉아 온 역사를 주관하시는 분이다. 그분은 모든 피조물의 주님으로서 그것들을 돌보기도 하시고 심판 때 그것들을 사용하기도 하신다.[30]

---

30 Richard Bauckham, *The Theology of the Book of Revelation* (New Testament Theology; James D. G. Dunn, ed.; Cambridge: Cambridge University Press, 1993), 47–53.

요한계시록이 말하는 하나님에 관한 세 번째 진리는 그분이 구주이신 하나님이라는 것이다. 그분은 열방에 심판과 긍휼을 베푸시는 분이고, 성자와 성령의 역사를 통해 큰 용을 쓰러뜨리시는 분이며(12, 20장), 그리스도의 재림 때 만물을 새롭게 하시는 분이다(21-22장).

이 모든 행위는 예수의 인격과 사역에 집중되며, 바로 그것이 요한이 그리스도에게 자주 초점을 맞추는 이유다. 그는 요한계시록 1장에서 영광 받으신 인자에 관한 환상-이것은 독자가 다니엘서 7장과 예수께서 복음서에서 자신을 인자로 언급하신 것에 관심을 갖게 한다-으로 시작하고, 21장과 22장에서 새 하늘과 새 땅 안에서 나타나시는 왕이신 그리스도에 관한 환상으로 마무리한다. 처음부터 끝까지 요한계시록은 알파와 오메가이신 분, "우리의 믿음의 주요 온전하게 하시는 이"(히 12:2)에게 집중한다.

이런 집중은 특히 예수의 정체성의 두 측면의 결합을 통해 드러난다. 그분은 고난받는 종이자 부활하신 주님이다. 예수는 죽임당한 어린양으로 묘사된다(5:6). 십자가에 달리신 주님은 하나님의 심판의 두루마리의 인을 떼실 수 있는 분이며(6장), 사탄을 끌어내리시는 분이며(12장), 이미 자신의 피로 값을 치르셨기에 새 창조의 사역을 완성하시는 분이다(21:5-6). 또한 예수는 유다 지파의 사자요, 다윗의 뿌리로 묘사된다(5:5). 그분은 심판의 두루마리를 열 수 있는 통치하는 왕이신데, 그것은 그가 죽임을 당하셨을 뿐 아니라 죽음과 지옥과 용을 물리치고 부활하셨기 때문이다(12:1-13). 예수는 백마를 타고 오셔서 하나님의 적들을 불못에 던지심으로써 그들 모두를 파멸시키시는 분이며, 자기 신부의 구주이시다(19:11-20:15). 또한 그분은 알파와 오메가요, 시작과 마침이시며, 새 창조 안에서 하나님의 새로운 성의 중심에 있는 보좌에 앉아 그 성을 영원토록 다스리시는 분이다(21:1-22:6).

예수의 죽음과 부활을 시각적으로 형상화하는 그리스도에 대한 이런 이미지들은, 십자가에 달리시고 부활하신 그들의 주님, 죽음을 자신 안에 삼키심으로써 정복하시고 성령을 통해 부활하시고 또한 우리를 그분 안에서 새 생명으로 부활하게 하시는 왕이신 그분을 믿으라고 교회를 격려한다. 하나님의 백성은 그분의 대적이 가하는 공격에 맞서 굳건하게 설 수 있는데, 그것은 이미 그리스도께서 그들을 위해 그렇게 하셨기 때문이다.[31] 우리가 유혹에 직면하든, 시련에 직면하든, 혹은 박해에 직면하든, 예수께서 이미 죄와 죽음과 사탄을 물리치셨기에, 우리 역시 성령에 힘입어 죄에 맞설 수 있다. 우리는

하나님의 백성은 그분의 대적이 가하는 공격에 맞서 굳건하게 설 수 있는데, 그것은 이미 그리스도께서 그들을 위해 그렇게 하셨기 때문이다.

31 Bauckham, *The Theology of the Book of Revelation*, 58.

시련 한가운데서도 소망을 지닐 수 있고 박해에 직면해서도 우리의 믿음 안에 굳건하게 설 수 있다.

요한계시록에 나타난 하나님의 이미지

본서의 2장에서 지적했듯이, 요한계시록 전체를 통해 요한은 그의 신학적 주장을 위해 비유적인 이미지들에 의존한다. 하나님에 대한 그의 묘사에서 우리는 비유적인 묘사와 신학적 언어 모두를 발견한다. 하나님에 대한 요한의 환상을 이해하는 데 중요한 이미지들 중 하나는 요한계시록 4장과 5장에 나온다. 요한은 하나님의 보좌실에 관한 그의 환상을 "이 후에 마땅히 일어날 일들"(4:1; 또한 1:1, 19을 보라)이라는 표현을 통해 그의 "마지막 날들"이라는 시간표와 연결시킨다. 다시 말해, 하나님에 대한 이런 묘사는 바로 지금, 즉 그리스도의 초림과 재림 사이의 기간에 이루어지는 그분의 통치와 지배에 대해 기술한다. 요한의 환상은 주로 하나님의 권위에 초점이 맞춰진다. 그리고 이것은 그가 구약성경의 여러 이미지들을 사용한 것을 통해 드러난다. 그런 이미지들 중 가장 두드러지는 것은 하나님이 앉아 계신 보좌의 중심성[32]이다. 이것은 구약성경이 여호와의 비할 데 없고 공유할 수 없는 권

32 요한계시록 4:4에서 보좌가 문자적으로 한 서클의 중심임에 주목하라. 요한은 여호와 보좌의 중심성을 전하기 위해 비유적인 이미지뿐 아니라 기하학적인 이미지도 이용한다.

위를 묘사하기 위해 자주 사용하는 이미지다.[33] 또한 요한은 여호와를 "벽옥과 홍보석"[34]처럼 나타나시는 분으로 묘사하는데, 이것은 하나님의 견줄 수 없는 신적 영광을 의미한다.

요한은 여호와께서 그분의 적들, 그분의 백성, 그리고 그분의 피조물을 다스리시는 것을 묘사하기 위해 세 개의 이미지를 사용한다.[35] 요한은 하나님이 그분에게 맞서는 자들에 대해서조차 주권을 갖고 계심을 보이기 위해 "수정과 같은 유리 바다"(4:6)라는 표현을 사용하는 것처럼 보인다. 구약성경에서 바다는 혼돈과 악을 대표하며(시 74:12-17을 보라), 요한계시록의 다른 곳에서도 바다는 악이 일어서는 장소다(13:1). 새 창조가 이루어질 때 바다는 더 이상 존재하지 않는다(21:1). 그러므로 하나님이 바다 위에 앉아 계신 이미지는 혼돈과 악에 대한 그분의 권위를 드러낸다.

비슷하게 요한은 자기 백성에게 주권을 행사하는 왕이신 여호와를 묘사하기 위해 흰옷을 입고 이십사 보좌에 앉아 있는 이십사

---

33 여호와께서 자신의 보좌를 다른 누구와도 공유하지 않으시기에 그 보좌가 그분의 비할 데 없는 권위를 전달하는 방식인 것에 관한 보다 상세한 논의를 위해서는, Richard Bauckham, *Jesus and the God of Israel: God Crucified and Other Studies on the New Testament's Christology of Divine Identity* (Grand Rapids: Eerdmans, 2008), 152-81을 보라.

34 벽옥과 홍보석은 루비와 비슷하게 붉은 색조를 지니는 값진 보석들이다.

35 여기서 언급된 것들에 대한 해석과 그것들의 구약적 배경을 포함해 이런 이미지들에 관한 더 많은 논의를 위해서는, G. K. Beale, *The Book of Revelation* (NIGTC; Grand Rapids: Eerdmans, 1999), 320-31을 보라.

장로들이라는 이미지를 사용한다. 요한은 이런 이미지로 자기 백성에 대한 하나님의 주권을 강조한다-이십사 장로는 아마도 이스라엘을 대표하는 열두 사람과 교회를 대표하는 열두 사람으로 이루어졌을 것이다. 마찬가지로, 여호와의 보좌에 둘러선 네 생물들은 여호와를 모든 피조물의 주님으로 묘사한다. 그 생물들은 피조물 전체를 대표하는 것 같다(그 생물들의 숫자인 4[36]와 그 생물들의 다양성, 그 두 가지 모두를 통해서 전체 생물임을 표현한다). 피조물과 하나님의 백성 모두가 그분 앞에서 꿇어 엎드리며 노래한다. "우리 주 하나님이여 영광과 존귀와 권능을 받으시는 것이 합당하오니 주께서 만물을 지으신지라 만물이 주의 뜻대로 있었고 또 지으심을 받았나이다"(4:11). 요한은 피조물의 모든 영역-공중의 새와 들의 짐승들로부터 그분의 구속된 백성과 심지어 그분의 적들에 이르기까지-에 대한 하나님의 지배권을 강조한다. 요한이 만물에 대한 여호와의 통치를 강조하는 것은, 박해에도 불구하고 끝까지 충성할 것을 교회에게 권면하기 위함이다.

1) 하나님의 일곱 영

그러나 하나님을 묘사할 때 요한은 대체로 유일신론적이지 않

36 땅 네 모퉁이와 사방의 바람(7:1; 20:8)에서도 그런 것처럼. Beale, *The Book of Revelation*, 322를 보라.

다.[37] 오히려 그는 철저히 삼위일체론적이다. 성령은 여러 차례 "일곱 영"으로 언급된다. 첫 번째 예는 요한계시록 1:4-5에서 나타난다.[38] 거기에서 요한은 교회들에게 성부("이제도 계시고 전에도 계셨고 장차 오실 이"), 성령("그의 보좌 앞에 있는 일곱 영"), 그리고 성자("또 충성된 증인으로 죽은 자들 가운데에서 먼저 나시고 땅의 임금들의 머리가 되신 예수 그리스도")로부터 오는 은혜와 평강을 기원한다. 요한은 다시 성령을 가리키기 위해 세 차례 더 "일곱 영"이라는 표현을 사용한다(3:1; 4:5에서는 "보좌 앞에 켠 등불 일곱"이라는 표현을 사용한다; 그리고 5:6에서는 "일곱 뿔과 일곱 눈"이라는 표현을 사용한다). 이것은 7이라는 숫자가 보편성을, 때로는 완전을 가리키기 때문이다. 때때로 요한은 보다 직접적으로 성령을 언급하기도 한다(1:10; 2:11, 29; 3:13, 22; 14:13; 17:3; 21:10; 아마도 19:10과 22:6).

성령에 대한 이런 묘사들은 성령이 교회들을 향해 말씀하시는 분이며(1:10; 2:11, 29; 3:13, 22; 14:13), 요한에게 예언의 말을 전해 주신 분임을 가리킨다(19:10; 22:6). 또한 성령은 요한을 그의 환상의

---

37 유일신론(monotheism)은 신은 오직 한 분이라는 믿음을 가리키는 용어다. 내가 "대체로 유일신론적"이라는 말로 의미하고자 하는 것은, 요한이 오직 한 분이신 하나님이라는 개념을 믿지 않는다는 것이다. 그 대신에 그는 한 분의 특별한 하나님, 곧 삼위로 존재하시는 유일하신 하나님, 삼위일체 하나님, 여호와를 믿는다.

38 요한계시록에 나타나는 성령에 대한 언급에 관해서는, Richard Bauckham, *The Climax of Prophecy: Studies in the Book of Revelation* (London: T&T Clark, 1993), 150-73을 보라.

다른 부분들 속으로 "데려가시는" 분이다(17:3; 21:10). "온 땅에 보내심을 받은"(5:6)이라는 공간적 언급은 물론 등불과 눈에 대한 묘사들과 짝을 이루는 숫자 7에 대한 언급들(1:4-5; 3:1; 4:5)은 하나님의 전지하심과 편재하심이 특별히 성령을 통해 이루어진다는 것을 암시한다. 이것은 성부와 성자가 전지하시지도, 편재하시지도 않다고 말하는 게 아니다. 오히려 이것은 하나님이 그런 특성에 따라 행동하시는 것은 주로 성령을 통해서라는 의미다. 덧붙여서, 성령이 "보좌 앞에" 있다는 설명은 그분이 성부의 "오른편"에 계신 성자와 함께 삼위일체 하나님을 이루고 계심을 이야기한다.

2) 어린양과 사자

또한 요한은 삼위의 두 번째 위[39]인 성육신한 성자와 직접 연관된 중요한 이미지를 사용한다. 이런 이미지들을 통해 우리는 무엇보다도 지금 이루어지고 있는 그리스도의 승리에 찬 통치를 떠올린다. 그것은 1장에서 인자에 대한 요한의 환상(1:9-20)과 더불어 시작된다. 직전에 요한은 왕과 관련된 여러 가지 용어들을 사용하면서 예수를 소개한 바 있다(1:4-8). 그리고 이제 그의 환상은 "땅

39 David Aune은 요한계시록에 등장하는 예수를 위한 호칭들(예를 들면, "알파와 오메가," "처음이요 마지막")은 그분이 본질과 능력과 권위의 측면에서 성부와 동등하심을 보이기 위한 것이라고 주장한다. *Apocalypticism, Prophecy, and Magic in Early Christianity* (Grand Rapids: Baker Academic, 2006), 263-70을 보라.

의 임금들의 머리가 되신"(1:5) 예수에 관해 상세한 설명을 제공한다. 그 환상은 오직 여호와께만 해당되는 구약성경의 이미지들로 가득 차 있는데, 특히 "알파와 오메가", 그리고 "처음이요 마지막" 같은 호칭들이 그러하다(1:17; 22:13). 이것들은 여호와를 창조주로 밝히는 – 창조는 하나님만이, 오직 하나님만이 하실 수 있는 일이다 – 구절들인 이사야 44:6과 48:12에 대한 언급들이다.[40] 예수가 자신을 창조주로 칭하시는 것은 신성에 대한 주장이다. 덧붙여서, 등불과 해와 흰색과 관련된 이미지들은 모두 여호와의 영광 – 하나님이 공유하시지는 않으나, 그리스도께서 갖고 계시는 영광 – 을 의미한다. 그러므로 이런 이미지들은 우리에게 삼위일체의 두 번째 위이신 성자의 온전한 신성을 상기시킨다. 등불과 해와 양날 검은, 그리스도가 일곱 촛대들 가운데 서 계신 것과 그분이 일곱 별을 쥐고 계신 것과 더불어, 예수께서 만물 – 피조물로부터 그분의 백성, 열방, 천사급 존재들에 이르기까지 – 에 대해 갖고 계시는 지배권을 가리킨다.

요한계시록 전체를 통해 요한은 계속해서 우리에게 그리스도의 보편적 통치 – 일곱 교회에 보낸 편지에서 나타나는 예수에 대한 묘사로부터(2-3장), 예수가 유다 지파의 사자와 다윗의 뿌리로서 등장하시는 것까지(5:5), 심판의 인을 떼시고 천사들에게 나팔을

40 Bauckham, *The Theology of the Book of Revelation*, 54-56.

불고 대접을 엎어 재앙을 퍼부으라고 명령하시는 그리스도의 권위에 이르기까지 – 를 상기시킨다. 또한 요한은 요한계시록 10장에서 예수님을 "힘센 천사"로 묘사하는 것처럼 보인다. 거기에서 예수는 피조물에 대해 온전한 권위를 갖고 계시고("그 오른발은 바다를 밟고 왼발은 땅을 밟고"; 2절), 일곱 우레를 발하실 수 있고(3절), 또한 "구름을 입고 머리 위에 무지개가 있고", 해와 같은 얼굴과 불기둥 같은 다리를 갖고 계신 분으로(1절) 묘사된다. 이런 표현은 요한계시록 1:9-20과 5장에 실려 있는 그리스도에 대한 설명과 조화를 이룬다. 무지개를 통해(4:3), 그리고 모든 피조물을 지배하고 계신 것을 통해 드러나는 그의 권위는 일곱 우레를 통해 심판을 선언하시는 그분의 능력과 연관된다. 그리고 이런 이미지들은 예수의 권위를 다시 한 번 강조한다.

요한계시록 11:15; 12:5, 10-11; 17:14에서는 그리스도의 영원하고도 포괄적인 통치가 언급된다. 그의 권위는 특히 요한계시록 14:14-16; 19:11-21; 20:7-15에서 나타나는 열방과 하나님의 적들에 대한 최후의 심판에서 절정에 이른다. 여기에서 예수는 믿지 않는 족속들을 왕겨처럼 그러모아 영원한 불 속에 던져 넣으시는 세상의 추수꾼이시다. 그분은 자기 백성을 이끌어 하나님의 적들에 맞서 승리를 거두시는 정복자 왕이시다. 또한 그분은 죽음, 하데스(망자의 나라-역주), 거짓 선지자, 짐승, 용을 끝장내시는 온 세상의 심판주이시다.

그리스도의 통치에 대한 요한의 환상은 요한계시록 21-22장에서 완성된다. 거기에서 우리는 그리스도가 성부와 성령과 함께 그분의 보좌에 앉아 그분의 적들(21:8), 그분의 백성(21:3-4), 그리고 새로워지고 회복된 피조물(21:1, 9-22:5)을 영원히 다스리시는 모습을 본다. 그분의 통치는 늘 포괄적인 것이었으나, 여기에서 우리는 그 통치가 완성되는 것을 본다. 죄, 죽음, 악, 사탄, 하나님의 대적들이 완전히 파멸되고 하나님의 나라 밖으로 내던져지기 때문이다. 그리스도의 통치는 더 이상 육안으로는 보이지 않으며 오직 그분의 몸인 교회를 통해 잠정적으로 보인다. 이제 그 통치는 모든 육체에게 보인다. 그리고 그분의 죽음과 부활을 통해 구속된 이들은 새 하늘과 새 땅에서 그분과 함께 영원히 다스린다.[41]

하나님의 백성에 대한 요한의 묘사

하나님의 백성에 대한 요한계시록의 설명은 삼위일체 하나님, 특히 그리스도에 대한 요한계시록의 설명과 밀접하게 연관되어 있다. 요한의 주된 목표가 신자들에게 박해와 유혹의 한가운데서 굳건하게 버티라고 권하는 것임을 기억하라. 성도가 시련을 당하

41 앞선 단락들에 대한 보다 상세한 설명을 포함해 요한계시록이 말하는 예수에 관해서는, Bauckham, *The Theology of the Book of Revelation*, 54-65를 보라.

는 한가운데서조차 온 우주의 지배자로 계시는 하나님에 대한 요한의 설명은 하나님의 백성에게 인내하도록 격려하기 위한 것이다. 다시 말해, 하나님이 그리스도 안에서 그분의 교회에 대해 성실하시기에, 우리 역시 강렬한 고통에 직면해서도 확신을 갖고서 하나님에 대해 신실할 수 있다는 것이다. 요한계시록 2:10, 13과 14:12에 등장하는 서머나 교회와 버가모 교회에 대한 예수님의 말씀, 특히 인내하라는 그분의 명령은 이런 목적과 하나님의 백성에 대한 요한의 메시지를 예증한다.

일곱 교회에 보낸 편지들에서 나타나는 반복 어구인 "이기는 자"라는 표현 역시 교회들에게 그들이 인내하라는 명령을 받고 있음을 상기시킨다.[42] 요한계시록 21-22장에 실려 있는 요한의 결론 부분에서 우리는 이기는 자들이 처음 세 장에서 받았던 약속이 이루어지는 것을 본다. 일곱 교회에 보낸 편지들, 특히 사데, 버가모, 두아디라 교회에 보낸 편지들은 당시에 많은 교회들이 신실하지 않은 상태에 떨어지기 직전에 있었음을 알려 준다. 요한은 그들에게 인내하도록, 그리고 넘어지지 말라고 촉구한다. 이기는 자, 지금의 시련 앞에서도 삼위일체 하나님께 신실한 자들은 새 하늘과 새 땅에서 영원히 하나님과 함께 거할 것이다. 요한은 교회들에게 이 위대한 진리를 상기시키기 위해 편지를 쓴다.

---

42 Koester, *Revelation and the End of All Things*, 54-57.

이런 목표를 염두에 두고 있는 요한이 교회를 묘사하는 방식은 요한계시록 1:5b-6의 말씀으로 요약될 수 있다. "우리를 사랑하사 그의 피로 우리 죄에서 우리를 해방하시고 그의 아버지 하나님을 위하여 우리를 나라와 제사장으로 삼으신 그에게 영광과 능력이 세세토록 있기를 원하노라 아멘." 여기서 요한은 교회가 그리스도의 피로 씻김을 받았으며 그분의 나라에서 그분과 함께 제사장으로서 다스린다고 말한다. 이 두 개의 이미지가 요한계시록의 나머지 부분에서 요한이 하나님의 백성을 묘사하는 방식 중 많은 부분의 특징을 이룬다.

교회는 모든 족속과 방언과 나라에서 구속함을 받은 하나님의 백성이다(7:9). 요한계시록 4:4; 11:16; 19:4에서 하나님의 온 백성은 "이십사 장로"에 의해 대표된다. 이 숫자는 열두 명으로 이루어진 두 그룹-하나는 이스라엘 족속들을 대표하고, 다른 하나는 사도들을 대표한다-으로 구성된다.

이것은 또한 요한이 "이스라엘 자손의 각 지파 중에서 인 침을 받은" 144,000명을 언급하는 것에서 예증된다(7:4, 9; 14:1). 요한계시록에 등장하는 대부분의 말들처럼 이 숫자 역시 비유적이다. 12와 12를 곱해서 나온 수에 다시 1,000(무수히 많음을 상징하는 수)을 곱함으로써 요한은 교회가 참된 이스라엘-그리스도와 연합한 모든 자들, 즉 유대인들과 이방인들 모두로 이루어진 이스라

엘-임을 지적하고 있는 것일 수 있다.[43]

교회에 대한 이미지

요한은 하나님의 구속된 백성으로서의 교회를 묘사하기 위해 다섯 가지 주요한 이미지를 사용한다.

(1) 교회는 흰옷을 입고 있다.
(2) 교회는 생명수를 마신다.
(3) 교회는 하나님의 이름으로 인 침을 받았고 그들의 이름은 생명책에 기록되어 있다.
(4) 교회는 예수의 명령을 따른다.
(5) 교회는 어린양의 신부다.

하나님의 백성은 흰옷을 입고 있다. 이것은, 요한계시록 7:13-17에 따르면, 그들이 "큰 환난에서 나오는 자들"로서 "어린양의 피에 그 옷을 씻어 희게" 되었음을 의미한다(14절). 다시 말해, 흰옷은 그 옷을 입은 자들이 그리스도를 믿는 자들, 자신의 죄를 회개한 자들, 용서를 얻기 위해 그리스도를 의지하는 자들, 그리고 성령에 의해 새롭게 된 자들임을 가리킨다(4:4; 6:11; 7:13-17; 19:8;

43 144,000명에 관해서는, Bauckham, *The Climax of Prophecy*, 215-23을 보라. Bauckham은 그 숫자가 단순히 하나님의 모든 백성을 의미하는 것일 뿐 아니라, 그것이 지파들과 숫자들을 언급하는 것을 고려할 때, 구약시대의 인구 조사를 상기시키는 것처럼 보인다고 주장한다. 구약시대에 인구 조사는 주로 군사적 목적을 갖고 있었다. 따라서 요한은 이 구절에서 단순히 하나님의 신실하심만이 아니라 순교하기까지 용과 맞서 싸우는 그분의 군대로서의 그 백성의 지위를 묘사하고 있는 것일 수 있다.

22:14).[44] 또한 하나님의 백성은 값없이 생명수를 마심으로써 갈증을 해결한 사람들이다(21:6; 22:17). 요한은 신자들을 그들의 이마에 하나님의 이름으로 인 침을 받은 사람들로(7:4; 9:4; 14:1; 22:4), 그리고 세상의 터가 놓이기 전에 생명책에 이름이 기록된 자들로 묘사한다(13:8). 이 모든 이미지들은 신자들에게 그리스도에 의해 수행되고 성령에 의해 적용된 그들의 구원이 하나님의 크신 능력으로 인해 안전하다는 것을 확신시켜 준다. 또한 신자들은 자신을 순결하고 흠 없게 유지하면서 예수의 명령을 따르는 사람들이다(14:4-5). 여기에는 그들의 개인적 도덕뿐 아니라 경제적 · 정치적 타락에 맞서는 그들의 집단적 성결까지 포함된다(17-18장에 나오는 음녀에 관한 설명을 보라).

마지막으로 요한은 교회를 어린양의 신부로 언급한다(19:6-10; 21:2, 9). 이것은 부분적으로는 교회를 요한계시록 17, 18장에 등장하는 바벨론의 음녀와 대조하기 위함이다. 또한 요한은 신부라는 이 마지막 이미지를 하늘로부터 내려오는 거룩한 성, 새 예루살렘과 결합시킨다(21:2).[45] 얼핏 혼란스러워 보일 수도 있으나, 요한은 동일한 현실을 묘사하기 위해 자주 다중의 이미지들을 사용한다. 이 경우에 그는 신부와 새 예루살렘이라는 말을 사용해 교회를 묘

44 Beale, *The Book of Revelation*, 934-44.
45 Bauckham, *The Theology of the Book of Revelation*, 127.

사한다. 그리고 그렇게 하면서 본질적으로 하나님의 백성은 하나님에 의해 만들어지고, 하나님에 의해 순결해지고, 하나님과 더불어 영원을 누리기 위해 복을 얻는다고 주장한다.

또한 요한은 요한계시록 4:4b-5에서 교회를 그리스도와 함께 다스리는 존재로 묘사한다. 구속된 존재로서의 교회에 대한 첫 번째 설명에서처럼, 요한은 요한계시록 전체를 통해 여러 가지 서로 다른 이미지들을 사용해 이 점을 강조한다. 그는 자신의 환상 전체를 머리에 금관을 쓰고 보좌에 앉아 있는 이십사 장로들(하나님의 모든 백성의 대표자들)에 대한 언급으로 시작하고 마무리한다(4:4; 20:4, 6). 보좌와 금관은 그리스도 아래에서 심판하는 권위를 의미한다. 이것은 그리스도가 그들을 일으켜 자신과 함께 하늘의 자리 – 그분은 그 자리에서 다스리신다 – 에 앉히심으로써 이미 그들에게 주신 권위다(엡 1:20-21; 2:6).

물론 그들의 통치는 그리스도의 통치에 종속되어 있다. 이것은 그들이 자신의 관을 벗어 보좌 앞에 드리고(4:10) 손에 종려 가지를 들고 흔드는 것(7:9)을 통해 드러난다. 그들이 그리스도 아래에서 권위를 얻었음에도 이처럼 그분의 궁극적 권위를 인정하고 있다는 사실은 그들이 그리스도 안에 계신 하나님을 경배하는 것을 통해서도 드러난다(4:11; 5:8-14; 7:10-12; 11:16-18; 14:3; 15:3-4; 19:1-5). 이런 각각의 모습으로 신자들은 하나님이 어떤 분이신지, 그리고 그분이 그리스도 안에서 어떤 일을 하셨는지를 증언하면서 그분에게 경배를 드린다.

그러나 증언은 쉽지 않다. 요한계시록 전체를 통해서 증언은 주로 순교라는 렌즈를 통해 드러난다(6:9-11; 12:11, 17; 14:13; 17:6; 20:4). 성도들이 기도하는 동안 – 이것은 하나님의 보좌 앞으로 향연이 올라가는 것을 통해 암시된다(5:8; 8:3-4) – 이 기도는 "오, 주여! 어느 때까지 하시려 하나이까?"(6:9-11)라는 탄식과 뒤섞인다. 용이라는 우상이 아니라 하나님을 섬기고자 한다면, 자신의 십자가를 지고 죽기까지 그리스도를 따라야 한다.[46]

요한은 이 점을 강조하기 위해 요한계시록 중반에서 두 개의 보완적인 이미지를 사용한다. 요한계시록 11장에서 그는 교회를 "두 증인"으로 묘사하고, "두 감람나무"와 "두 촛대"로도 언급했다. 비록 용과, 하나님의 다른 적들이 교회를 상징적으로 42개월 동안 박해하지만(13:5), 교회는 순교에 이르기까지 주님의 일을 계속해서 증언한다. 그러나 하나님은 삼 일 반 후에 그들을 죽음으로부터 일으키심으로써 자신의 신실하심을 입증하신다(11:11, 이것은 하나님이 그리스도를 죽음으로부터 일으키심으로써 자신의 신실하심을 보이셨던 것에 대한 언급이다). 그리스도의 사역은 그리스도 안에 있는 자들에 대한 하나님의 신실하심을 보여 주는 증거이자 그것을 위

46 Bauckham, *The Theology of the Book of Revelation*, 90-94.

한 근거다.[47] 요한이 사용하는 두 번째 이미지는 여자와 그녀가 낳은 아이가 광야로 도망치는 것이다. 하나님은 광야에서 그 여자와 아이를 부양하시면서 그들을 1,260일 동안 용으로부터 보호하신다(12:1-6). 1,260일은 두 증인이 성전 앞에 서 있었던 것과 같은 기간이다(11:3).

거룩함에 대한 요한의 요구가 그런 것처럼, 순교에 대한 그의 요구도 시의적절하다. 오늘날 그리스도 안에 있는 형제와 자매들도 여전히 그들의 구주를 위해 죽임을 당하고 있으며, 무수히 많은 이들이 그들의 믿음 때문에 경제적으로나 정치적으로 압박을 당하고 있다.

이런 증언의 목표는 그리스도의 대리인으로서 그리스도의 통치에 참여하면서 하나님과 함께 영원히 거하는 것이다(21:3-4, 22; 22:3-5, 14). 우리는 특히 이것을 "이기는 자들"이라는 표현에서 발견한다(15:2; 21:7). 인내하는 신자들에게 주어지는 약속은 그들이 온 세상에서 그분의 형상을 담지하는 자로서 삼위일체 하나님과 함께 살면서 그리스도의 임재와 통치에 영원히 참여하게 되리라는 것이다. 제사장 나라라는 우리의 신분은 그리스도의 재림 때 완성될 것이다. 이것은, 우리가 당하고 있는 시련과 유혹에

47 David L. Barr, "The Apocalypse as a Symbolic Transformation of the World: A Literary Analysis," *Int* 38 (1984): 39.

비추어 볼 때, 특히 세계의 여러 지역에서 일어나고 있는 그리스도인들에 대한 거센 박해에 비추어 볼 때, 신자들에게 희망을 준다.[48] 우리가 그리스도의 일을 증언한다는 이유로 조롱이나 매질이나 죽음에 직면할 때, 요한계시록은 우리에게 여호와께서는 그분의 양 떼 중 한 마리도 그분의 손에서 빼앗기지 않으실 것이며(요 10:29) 그리스도가 재림하실 때 완전한 정의를 시행하시리라는 희망을 제공한다.

---

48 http://www.aleteia.org/en/world/article/asia-bibis-final-plea-to-avoid-the-gallows-5901162817519616에 나오는 Asia Bibi의 이야기를 보라.

| 읽어 볼 글들 |

- 요한계시록 1:12-18
- 요한계시록 5:5-6
- 요한계시록 12:1-6
- 요한계시록 21:22-27

| 생각해 볼 질문 |

01 오늘날의 문화에 의해 촉발되는 여러 가지 악한 경제적·정치적 관습에 맞서 교회가 거룩함을 유지할 수 있는 특별한 방법들은 무엇인가?

02 그리스도인들이 시련과 고난과 박해에 직면할 때도 신실함을 유지할 수 있도록, 예수의 삶과 죽음과 부활은 그들에게 어떻게 확신을 주는가?

5장

하나님의 적들에 대한 서술

자기 백성에 대한 하나님의 신실하심, 그리고 하나님께 대한 백성의 신실한 믿음과 대조적으로, 요한계시록에 묘사된 하나님의 적들은 신실하지 않으며 기만적이다. 하나님의 적들에 대한 요한계시록의 설명은 완전한 대조의 예를 보여 준다. 하나님과 그분의 백성들은 용과 그의 추종자들의 정반대 편에 있다. 우리는 이런 대조를 용과 짐승, 그리고 거짓 선지자로 이루어진 "거룩하지 않은 삼위일체"(unholy Trinity)라고 묘사될 수 있는 것에서 발견한다. 그러나 이 셋은 실제로는 삼위일체가 아니다. 그들은 삼위로 이루어진 하나의 존재가 아니다. 그러나 그들이 연합한 목적, 즉 하나님의 백성과 싸우고 여호와를 조롱하는 것을 볼 때, 요한이 그들의 악한 본성 및 그들이 벌이는 파괴적인 일을 하나님의 거룩하심

및 구원하시는 활동과 대조하는 것은 적절해 보인다.

> 하나님과 그분의 백성들은 용과 그의 추종자들의 정반대 편에 있다.

또한 우리는 하나님을 따르는 자들이 바벨론의 음녀로 나타나는 용을 따르는 자들과 반복해서 비교되고 있음을 보게 된다. 그러므로 거룩하지 않은 삼위일체는 참되고 유일하신 삼위일체 하나님에 대한 기만적인 조롱이며, 음녀는 그리스도의 신부에 대한 기만적인 조롱이다. 이런 이미지를 사용하면서 요한은 그의 독자들이 로마 제국의 상황 속에서 신실함을 유지하도록 그들의 상상력을 재형성하고 있다.

거룩하지 않은 삼위일체

1) 용

용에 대한 요한의 첫 번째 상세한 설명은 요한계시록 12:3-4, 9에 등장한다. 이 설명에서, 그리고 다른 곳에서 등장하는 설명들을 통해서도 분명하게 드러나는 것은, 용이 공중의 권세 잡은 자이자(엡 2:2) 하나님에 대한 고발자이자 대적인 사탄을 의미한다는 것이다. 여기에서, 또한 성경의 나머지 부분에서 사탄은 타락한 천사들의 무리와 하나님을 자신의 왕으로 인정하기를 거부하는 인간들 모두를 이끌면서 하나님을 반역하는 세상의 선봉에 선다.

요한계시록에서 용은 삼위일체의 첫 번째 위인 성부 하나님을 조롱하는 자로 제시된다. 이것은 특히 요한계시록 13:1-10에 등장하는 첫 번째 짐승에 대한 요한의 묘사에서 분명하게 드러나는데, 거기에서 용은 자신의 형상인 첫 번째 짐승에게 생명과 권세를 부여한다. 이것은 성자가 부활하고 승천하셨을 때 성부께서 그에게 생명과 권세는 물론 성부의 형상으로서의 성자라는 지위를 부여하신 것을 조롱한다.

반역하는 세상에 대한 용의 권세는 특히 그가 일곱 개의 머리와 열 개의 뿔을 가진 것을 통해 드러난다. 요한계시록 17:7-14은 이 이미지에 대한 설명을 제공한다. 일곱 개의 머리는 일곱 개의 산을, 그리고 열 개의 뿔은 열 명의 왕을 대표한다. 이런 이미지들은 로마를 언급하는 것일 수도 있으나,[49] 온 세상의 권세와 민족들의 왕국들에 대한 구약성경의 이미지들이기도 하다(단 7:4-8, 20, 24를 보라).[50] 7과 10, 혹은 만약 (상징적인 숫자들을 다룰 때 종종 사용되는 관습을 따라) 늘려 잡는다면 70 같은 특별한 숫자들은 창세기 10장에 나오는 "[70개에 이르는] 각 족속 목록"(Table of [Seventy] Nations)

---

49 예컨대, 널리 알려져 있는 것처럼 로마는 일곱 개의 산(언덕)들 위에 위치해 있다. Richard Bauckham, *The Climax of Prophecy: Studies on the Book of Revelation* (London: T&T Clark, 1993), 395.

50 G. K. Beale, *The Book of Revelation* (NIGTC; Grand Rapids: Eerdmans, 1999), 878.

에 대한 언급일 수도 있다.[51] 그러므로 용은 여호와 및 그분의 포괄적이고 영원한 나라와 대조되는 이 세상의 일시적이고 반역적인 나라들의 권세와 정사들의 지배자로 묘사된다. 비록 용은 예수의 죽음과 부활에 의해 패배하지만(12:1-12),[52] 여전히 그는 주로 그의 짐승과 거짓 선지자를 이용해 예수를 따르는 자들에게 "싸움을 건다"(12:13-17).

2) 짐승

짐승은 바다(13:1)와 동의어인 무저갱으로부터 올라오며(11:7) 그리스도의 교회를 향해 싸움을 건다. 그는 세 가지 방식으로 성자 하나님을 조롱한다.[53] 첫째, 그는 용의 형상을 지니고 있다. 사탄처럼 짐승은 일곱 개의 머리와 열 개의 뿔을 갖고 있으며, 각각의 머리에는 신성을 모독하는 이름이 있다(13:1). 이런 신성 모독적인 이름들은 그리스도의 이마에 있는 이름과 대조되며(19:12), 그 머리에 있는 열 개의 왕관들은 그리스도가 쓰고 계신 많은 관들과 대조된다(19:12). 그러므로 그리스도가 하나님의 형상인 것처럼, 짐승은 용의 형상이다.

둘째, 짐승의 통치를 보여 주는 이런 이미지들-그의 뿔과 관

---

51 Bauckham, *The Climax of Prophecy*, 327.

52 Bauckham, *The Climax of Prophecy*, 186.

53 Bauckham, *The Climax of Prophecy*, 397.

들-은 짐승과 그리스도 사이의 두 번째 대조, 즉 그들의 통치자로서의 지위를 강조한다. 그리스도가 하나님의 백성을 다스리시는 반면, 짐승은 하나님의 적들을 다스린다(13:4, 7-8). 짐승이 다수의 서로 다른 동물들의 형상으로 이루어져 있다는 사실은 피조물에 대한 그리스도의 통치를 조롱한다. 우리는 이것을 요한계시록 4장과 5장에 나오는 보좌를 둘러선 네 생물들과 흡사한 짐승의 모습에서뿐 아니라 다니엘 7:2-7에 나오는 반역적인 짐승들과 유사한 모습에서도 발견한다.[54] 요한계시록의 짐승과 같이 다니엘서의 짐승들 역시 여호와의 통치에 맞서며 하나님의 백성을 탄압하고 나라들을 속이려고 한다. 요한계시록에서 짐승은, 마치 그리스도가 성부 하나님으로부터 보좌와 권세를 얻듯이, 용에게서 보좌와 큰 권세를 얻는다(13:2). 게다가 요한계시록 17:11에서 등장하는 "전에 있었다가 지금 없어진 짐승"이라는 호칭은 "이제도 계시고 전에도 계셨고 장차 오실 이"(1:4)라는 그리스도의 호칭의 모조품이다.

셋째, 짐승은 그리스도의 구원 사역을 조롱한다. 짐승은 치명적인 상처로부터 회복되는데, 이것은 예수의 죽음 및 부활과 흡사하다(13:3). 또한 그는 두 번째 짐승/거짓 선지자가 그로부터 권세를 얻는 자다. 짐승은 자신의 권세로 두 번째 짐승/거짓 선지자를 내

---

54 Bauckham, *The Climax of Prophecy*, 193.

보낸다. 이것은 성령을 보내시는 그리스도의 권세에 대한 조롱이다(13:12).

그 짐승의 숫자가 666이라는 사실을 인식하는 것 역시 중요하다(13:18). 이 숫자가 중요한 까닭은 6이라는 숫자가 완전이나 완벽을 상징하는 7보다 작기 때문이다.[55] 또한 6이라는 숫자는 인간을 대표한다. 인간은 창조의 6일째 되던 날에 지음을 받았기 때문이다. 세 개의 6은 거룩하지 않은 삼위일체에 대한 언급일 수 있다. 다시 말해, 666은 요한계시록의 다른 숫자들과 마찬가지로 상징적인 숫자이며, 적어도 부분적으로는 짐승의 불완전성, "거룩하지 않은 삼위일체" 안에서의 짐승의 위치, 그리고 짐승이 사악한 인간에 대해 갖고 있는 대표권과 권위를 상징한다.

3) 두 번째 짐승/거짓 선지자

요한계시록에 등장하는 거룩하지 않은 삼위일체의 세 번째 위는 "거짓 선지자"(16:13; 19:20)로도 불리는 두 번째 짐승이다(13:12). 용이 성부를 조롱하고 짐승이 성자를 조롱하듯, 거짓 선지자는 성령을 조롱하고 성령의 사역을 위조한다. 거짓 선지자는 짐승에게 생기를 불어넣음으로써 그를 치명적인 상처로부터 살려내면서 그리스도를 죽은 자들 가운데서 일으키신 성령(롬 8:11)을

55 Bauckham, *The Theology of the Book of Revelation*, 16.

조롱한다. 또한 거짓 선지자는 성령의 역사를 닮은 표징들을 행하며(13:13), 그렇게 함으로써 사람들이 짐승을 따르도록 만든다(13:14). 또한 거짓 선지자는 하나님의 적들의 이마에 짐승의 숫자를 받게 하는데(13:16-17), 반면에 성령은 하나님을 따르는 자들의 이마에 하나님의 이름을 새겨 주신다(7:3; 14:1; 또한 엡 1:13을 보라).[56]

하나님의 적들에 대한 설명

거룩한 삼위일체	"거룩하지 않은 삼위일체"
성부 하나님	용
성자	짐승
성령	두 번째 짐승/거짓 선지자

바벨론의 음녀

용과 짐승, 그리고 거짓 선지자가 참된 삼위일체를 조롱하듯이, 바벨론의 음녀는 그리스도의 신부를 조롱한다. 요한계시록의 이 두 여인들은 완전히 정반대를 이루면서 잠언 1-9장에 등장하는

56 Bauckham, *The Theology of the Book of Revelation*, 114-15. 또한 Bauckham은 거짓 선지자와 요한계시록 11장에 등장하는 두 증인 사이의 대조에 주목한다. Beale, *The Book of Revelation*, 707-11은 두 번째 짐승/거짓 선지자에 대한 설명은 언약 공동체 밖에 있는 누군가가 아니라 그 공동체 안에 존재하는 배교와 거짓 교사들이라는 개념을 환기시킨다고 주장한다.

미련한 여인과 지혜로운 여인을 상기시킨다. 음녀는 용을 따르는 모든 자들을 대표하는 상징적인 인물이다. 따라서 요한계시록 전체에서 불신자들에 대한 설명은 요한계시록 17-18장에 등장하는 음녀에 대한 요한의 설명과 더불어 우리에게 하나님께 반역하는 인간에 대한 전체적인 상을 제공한다. 요한계시록 전체에서 하나님의 백성과 하나님의 적들이 어떻게 대조되는지 알아보기 위해 우리는 바벨론과 신부를, 그리고 보다 일반적으로 불신자들과 신자들을 비교해 볼 수 있을 것이다.

1) 바벨론 vs. 신부

불신자들에 대한 요한계시록의 묘사를 가장 간결하게 요약한 내용은, 17-18장에 실려 있는 바벨론의 음녀에 대한 요한의 설명에 나온다. 그리스도를 왕으로 모시기를 거부하는 모든 인간들은 상징적으로 음녀, 즉 짐승에게 몸을 파는 여인으로 묘사된다. 이것은 이스라엘과 열방 모두를 거짓 신들과 음행하는 것으로 묘사하는 구약성경 예언서의 수많은 구절들을 떠올리게 한다(예를 들면, 호세아서 같은).[57] 음녀의 이름인 바벨론은 독자들에게 구약시대 이스라엘의 큰 적들 중 하나-이스라엘을 약속의 땅에서 끌어내

57 "음녀"에 관한 구약성경의 배경을 위해서는, Beale, *The Book of Revelation*, 884-85를 보라.

유배 생활에 들어가게 했던 나라(예를 들면, 렘 27장)–를 떠올리게 하기 위해 의도적으로 지어낸 것이다. 그러나 요한의 설명은 다른 여러 나라 중 두로와 시돈, 그리고 애굽에 대한 구약성경의 묘사로부터 끌어온 것이기도 하다(예를 들면, 사 23:1, 5; 겔 29:9-21). 이것은 음녀가 이스라엘의 모든 적들을 발생 반복적으로 보여 주는 이미지로 이해될 수 있음을 의미한다. 음녀는 여호와의 통치에 맞섰거나 앞으로 맞설 모든 사람과 모든 나라에 대한 상징이다.[58]

특별히 교훈적인 것은 요한계시록 17:1-6에 등장하는 음녀에 대한 요한의 설명과 요한계시록 14:1-5과 19:6-10에 등장하는 신부에 대한 그의 설명 사이의 대조다.[59] 이런 설명은 음녀와 신부가 서로 대척점을 이루는 몇 가지 핵심적인 방식들을 조명해 준다.[60] 첫째, 그 두 여인의 옷이 극명한 대조를 이룬다. 음녀는 울긋불긋한 옷과 여러 가지 보석을 착용하고 있는 반면, 신부는 깨끗한 세마포 옷을 입고 있다. 오늘날 여러 문화권에서 신부는 여전히 자신의 성적 순결을 상징하기 위해 흰옷을 입는다. 그리고 요

---

58 Craig Koester, *Revelation and the End of All Things* (Grand Rapids: Eerdmans, 2001), 156-57.

59 비록 요한계시록 14:1-5이 특별히 하나님의 백성인 144,000명을 신부로 언급하지는 않을지라도, 그 구절들 사이의 유사점은 그 구절들이 동일한 그룹의 사람들에 관해 말하고 있음을 보여 준다. 그런 유사점에는 많은 물소리와 큰 우렛소리와 세마포 옷이 포함된다. 또한 우리는 다른 구절들 중에서 요한계시록 7장을 신부를 묘사하는 이 목록에 덧붙일 수 있을 것이다.

60 Beale, *The Book of Revelation*, 855.

한계시록에서 그 옷이 전달하는 의미 역시 동일하다(14:4을 보라).

다른 한편, 음녀는 매춘부와 같은 복장을 하고 있다. 음녀의 행동은 그녀의 직업이 무엇인지를 알려 준다. 그 상징적 표현을 좀 더 명확하게 하기 위해, 요한은 신자들의 성도덕을 불신자들의 부도덕한 성적 관습과 대조한다. 다시 말해, 성과 관련된 죄에 대한 이런 식의 외적 표현은 그 음녀의 이름, 그리고 우상 숭배 및 간음과 관련된 구약성경의 묘사와 음녀와의 연관성을 통해 드러나는 바 모든 죄의 뿌리인 우상 숭배를 가리킨다.

그 두 여자가 서로 상반되게 묘사되는 두 번째 방식은 그들이 세상의 정치적 · 경제적 권력과 맺는 관계를 통해서다. 음녀는 왕들과 상인들을 유혹하고 그들에게 유혹을 받는다(17:18; 18:3). 그렇게 함으로써 음녀는 불신 세상과 그 안에서 살아가는 이들이 경제적 · 정치적 부패로 얼룩져 있음을 드러낸다.[61] 음녀의 옷의 붉은빛 역시 그녀가 마시는 잔에 대한 묘사와 더불어 그녀가 성도들에게 행한 박해를 상징한다.[62] 요한계시록의 다른 곳에서 붉은색은 그리스도인들에 대한 박해와 연관된다(12:3; 17:3). 그리고 그 이미지는 진노뿐 아니라 피를 상기시킨다(특히 잔이라는 이미지를 통해서 그러하다. 예를 들면, 사 51:17; 마 26:39). 여기서 경제적 · 정치적

61 Beale, *The Book of Revelation*, 847-53.

62 Beale, *The Book of Revelation*, 854-55, 860.

타락은 궁극적으로 음녀가 그리스도인들을 박해하는 것을 가리킨다. 다른 한편, 신자들은 이런 왕들과 상인들로부터 압제와 순교를 당함으로써 자신들이 하나님 나라의 시민임을 입증한다. 음녀는 그들과 함께 눕지만, 신부는 그들에게 맞서기 위해 자신의 생명을 내려놓는다. 마지막으로, 음녀와 신부가 각자의 배우자들과 맺는 관계는 서로 아주 많이 다르다. 음녀가 타고 다니는 짐승(17:3; 그녀가 부도덕한 성적 결합을 하고 있음을 보여 주는 상징)은 결국 자신의 배우자를 파멸시킨다(17:16). 반면에 어린양은 자신의 신부와 더불어 순결하고, 더럽혀지지 않고, 영원한 결혼 관계를 유지한다(19:6-10).

2) 짐승을 따르는 자들

요한계시록 17장과 18장에 실려 있는 음녀에 대한 요한의 설명과 그 책 전체에서 나타나는 불신자들에 대한 그의 묘사는 서로 연관되어 있다. 이런 연관성은 요한계시록 17:15에서 분명하게 드러난다(18:3과 비교해 보라). 거기에서 음녀가 앉아 있는 물은 믿지 않는 나라들과 동일시된다. 음녀가 신부와 대조되는 것과 동일한 방식으로, 짐승을 따르는 나라들은 어린양을 따르는 선택된 신자들과 대조된다.

이런 대조는 요한계시록 전체에서 몇 가지 방식으로 드러난다.

우선, 심판 이야기에서 서로 대조되는 언어가 사용되는 것을 통해서 드러난다. 심판을 받는 불신자들은 성적으로나 윤리적으로 부도덕하며(9:21; 18:3), 불결하고 거짓된 일을 행하고(21:8), 우상을 숭배하고(9:20; 13:11-18), 회개하지 않는 자로 묘사된다(16:9, 11). 특히 그들의 성적 행동을 통해 드러나는 그들의 행위는 그들의 우상 숭배와 여호와께 대한 완고한 태도를 보여 주는 징표들이다. 요한은 이것을 "인 침"이라는 이미지를 사용해 묘사한다. 불신자들은 "이마에 하나님의 인 침을 받지 아니"하고(9:4) 오히려 오른손이나 이마에 짐승의 숫자를 지니고 있다(13:16-18). 교회와 달리, 그들의 이름은 생명책에 기록되어 있지 않다(13:7-8).[63]

짐승의 권세 아래에서(13:7-8), 그리고 거짓 선지자들에게 속고 있기 때문에(13:11-18), 믿지 않는 열방들은 교회를 향해 싸움을 걸어온다. 요한은 요한계시록 11장에서 이것을 생생하게 그려낸다. 거기서 열방은 "거룩한 성을 짓밟는다"(11:2). 요한계시록 14장에서는 불신자들의 행위가 그들 자신을 해친다. 거기서 그들은 하나님의 백성을 짓밟기는커녕 어린양의 포도주 틀 안에서 짓밟힌다(14:20). 이 최후의 심판은–어린양과 모든 반역하는 나라들을 상징적으로 대표하는 곡과 마곡 사이의 마지막 전투와 더불

63 Beale, *The Book of Revelation*, 715-18.

어(겔 38-39장; 또한 슥 12-14장; 습 3장을 보라)[64] – 그들의 전쟁을 종결짓는다. 요한계시록 전체에서 모든 불신자들은 그리스도의 최후의 심판을 동일한 방식으로 경험한다. 특히 우리는 이것을 마지막 인과 나팔 소리와 일곱 대접에 관한 설명에서 발견한다. 세상에서 여호와께 맞서는 자들은 육체적 해를 경험할 뿐 아니라 하나님의 심판을 견뎌 내지 못한다(6:14-16). 신부(교회)는 신랑이 돌아올 때 그를 반기고 그와 더불어 영원한 새 창조를 누리지만(21:2-3), 짐승을 따르는 자들은 그 앞에서 도망치다가 불못에 던져지는데 거기서 그들은 두 번째 죽음을 영원토록 경험한다(21:8).

하나님의 적들에 대한 이런 설명들은 추상적인 것으로, 혹은 신자들의 삶과 무관한 것으로 보일 수도 있으나, 요한은 일곱 교회에 보낸 그의 편지에서 자신이 그런 설명을 하는 이유를 분명하게 밝힌다. 버가모, 두아디라, 사데 교회에 대한 경고들은 모두 거룩하지 않은 삼위일체에 대한, 그리고 특별히 음녀에 대한 묘사를 반영하는 언어를 포함하고 있다. 요한은 버가모 교회를 향해 거짓된 가르침과 성적 부도덕에 대해 경고하고 여호와의 적들에 대한 그리스도의 싸움을 상기시킨다(2:14-16). 두아디라 교회를 향한 경고는 아주 강력한데, 그것은 이세벨과 그녀를 따르는 자들에게 임할 파멸에 대한 설명(2:20-23)이 마치 음녀와 그녀를 따르는 자들

64 Beale, *The Book of Revelation*, 1022-24.

에 대한 설명처럼 들리기 때문이다(17장). 마지막으로, 사데 교회를 향한 요한의 경고는 독자들에게 흰옷을 입은 신자들과 때 묻은 옷을 입은 불신자들 사이의 대조를 떠올리게 한다.[65]

이런 각각의 대조 안에서 순결하고 때 묻지 않은 쪽은 교회이고, 반면에 불신자들은 회개하지 않고, 성적으로 부도덕하며, 죄로 인해 더렵혀진 것으로 묘사된다. 요한은 이 세 교회들에게 특별히 이런 행습들로부터, 그리고 그런 것들이 의미하는바 여호와께 대한 반역으로부터 달아나라고 경고한다. 우상들로부터 돌아서서 살아 계신 하나님을 향해 나아가지 않는 자들에게는 파멸이 기다리고 있다.

다시 한 번 요한의 메시지는 오늘날 예수를 따르는 자들에게 적용된다. 오늘날의 그리스도인들은 적이 쏘아댈 수 있는 모든 화살들 – 이는 요한의 시대에 신자들에게 쏟아졌던 것들과 동일하다 – 을 맞고 있다. 예컨대, 오늘날 서구에는 성적 부도덕이 만연해 있는데, 그것은 포르노를 통해, 그리고 결혼에 대한 하나님의 계획을 왜곡시키는 방법으로 퍼져나가고 있다. 서구 문화 일각에서는 교회가 동료 시민들의 압박과 정치적 압력에 굴복하면서 성과 결혼에 대한 문화적 개념들을 받아들이는 것이 적절한 것으로 간주

---

65 Koester, *Revelation and the End of All Things*, 61-65에 실려 있는, 이 세 편지들에 대한 논의를 보라.

되고 있다. 그러나 요한은 그리스도인들에게, 비록 그것이 정치적 실패를 의미할지라도, 문화의 강압이라는 조류에 굳건히 맞서라고 명령한다.

세상의 다른 분야에서는 사탄의 박해가 보다 더 두드러지게 나타나고 있다. 때때로 사탄은 지방 정부나 문화를 사용해 그리스도인들에게 경제적 어려움을 초래하고, 때로는 진도를 금하는 법 같은 정치적 압력을 사용해 그들의 입을 막기도 한다. 현재 진행되고 있는 한 가지 예는 제3세계에 속한 여러 나라에서 전개되고 있는 경제적 갈등이다. 그곳에서는 저임금과 열악한 노동 환경으로 인해 공장에서 일하는 이들이 억압을 받고 있다. 그런 공장들은 다른 그리스도인들에게, 특별히 억압적인 경제적 관습을 통해 이익과 이득을 얻는 기업 오너들에게 유혹의 수단이 될 수 있다. 요한의 명령은 지금도 유효하다. 교회는 그런 유혹에 굳건하게 맞서야 한다. 인간이 만들어 낸 자신들의 신과 야합하는 자들에게는 파멸이 기다리고 있다.

로마에 대한 요한의 비판

거룩하지 않은 삼위일체와 음녀에 대한 요한의 설명은 그의 원래 독자들에게 로마 제국 내에서 그들의 삶이 갖는 특별한 요소들을 상기시켰다. 요한계시록에서 요한은 적어도 세 차례에 걸쳐 분명하게 로마를 언급한다. 처음 두 번의 언급은 로마 제국 일반을 가리키고, 세 번째 언급은 특별히 네로 황제를 가리키는 것처럼 보인다.

제국 전체와 관련해 음녀에 대한 요한의 설명은 특별히 강력하다. 첫째, 세계가 음녀와 관계하고 있기에 발생하는 경제적 타락에 대한 요한의 설명은 로마의 경제적 관습들 중 몇 가지와 유사하다. 예컨대, 요한계시록 18:12-13에 등장하는, 음녀가 구매하는 물품 목록은 아마도 요한계시록의 원래 청중에게는 "제국 시대 초기에 로마의 부유한 가문들이 누렸던 새롭고도 이채로운 부와 사치의 특징"으로 보였을 것이다.[66] 그런 까닭에 요한은 그들이 매매했던 상품들을 음녀의 물목과 동일시하는 방식으로 로마 제국 권력의 중요한 원천 중 하나인 부를 비판한다.

로마에 대한 두 번째이자, 보다 분명한 언급은 요한계시록 17:9에서 나타난다. 거기에서 요한은 음녀가 일곱 개의 산들 혹은 언덕들 위에 앉아 있다고 말한다. 리처드 보컴(Richard Bauckham)에 따르면, "로마가 일곱 개의 언덕 위에 세워졌다는 사실은 매우 잘 알려져 있다. 이 일곱 개의 언덕을 언급함으로써 요한은 바벨론의 정체성을 숨기지 않고 분명하게 드러내고 있다."[67] 1세기 요

66 Richard Bauckham, *The Climax of Prophecy: Studies on the Book of Revelation* (London: T&T Clark, 1993), 352.

67 Bauckham, *The Climax of Prophecy*, 395.

한계시록 독자들에게 주는 요한의 메시지는 분명하다. 음녀와 동침하는 것은 로마의 정치적 · 경제적 기구와 동침하는 것을 의미한다.

또한 요한은 로마 제국의 황제 네로를 가리키는 것처럼 보인다. 짐승이 치명적인 상처를 입었으나 아직 살아 있다는 언급(13:14)은 요한의 시대에 유명했던 네로에 관한 신화를 반영하는 것일 수 있다.[68] 네로는 68년에 칼로 자살했는데, 그 후에 그가 부활했다는 전설이 생겨났다. 그리고 바로 그것이 요한이 요한계시록 13:14에서 언급하는 내용일 것이다.[69] 그러므로 여기서 요한이 하는 일은 비유적인 이미지를 사용해 현재의 정치적 · 경제적 상황을 비판하고 또한 그것이 모든 신자들에게 관련 있는 것이 되도록 자신의 비판을 보편화하는 것이다.[70]

오늘날의 상황에서 우리가 국내와 국외 모두에서 나타나는 여러 가지 경제적 · 정치적 관습들과 그로 인한 해로운, 그리고 수많은 억압적인 결과들을 고려한다면, 음녀에 대한 요한의 비판은 매

---

68 Bauckham, *The Climax of Prophecy*, 407-31.

69 네로에 대한 두 번째 언급으로 볼 수 있는 것이 있다. 어떤 해석자들은 짐승의 숫자인 666(13:18)이 네로의 이름을 언급한 것일 수 있다고 주장해 왔다. 이런 해석에 대한 논의를 위해서는, Bauckham, *The Climax of Prophecy*, 385-407을 보라.

70 Richard Bauckham, *The Theology of the Book of Revelation*, (New Testament Theology; James D. G. Dunn, ed.; Cambridge: Cambridge University Press, 1993), 35-39.

우 적절하다. 예컨대, 우리는 미국 남부에서 인종 간의 분리를 강제하는, 비교적 최근까지 시행되었던 짐 크로 법(Jim Crow laws, 흑인과 백인의 분리와 차별을 규정한 미국의 법으로서 1876년부터 1965년까지 시행되었다. - 역주)을 떠올릴 수 있을 것이다. 이 경우에, 수많은 교회들이 동료 인간에 대한, 그리고 많은 경우에 동료 그리스도인들에 대한 이런 식의 영적 · 물리적 학대에 공모했다. 교회들이 자신들의 촛대를 잃어버리고 짐승에 올라타지 않으려면, 그들은 어떤 값을 치르고서라도 적과 이런 식으로 놀아나는 일을 피해야 한다.

| 읽어 볼 글들 |

- 요한계시록 13장
- 요한계시록 17장

| 생각해 볼 질문 |

01 거룩하지 않은 삼위일체가 유일하신 참 하나님을 조롱하는 것을 이해하는 것은, 우리가 사탄과 그를 따르는 자들이 이 세상에서 일하는 방식을 분별하는 데 어떤 도움이 되는가?

02 바벨론 음녀의 관습과 같은 것들을 피해 달아나라는, 버가모, 두아디라, 사데 교회를 향한 요한의 경고를 오늘날의 신자들은 어떻게 받아들여야 하는가?

6장

어린양의 전쟁

한 때와 두 때와 반 때

요한계시록 전체에서 우리는 거듭해서 하나님의 백성과 하나님께 반역하는 자들 사이의 대조를 발견한다. 이런 대조의 뿌리는 하나님과 사탄 사이의 갈등, 즉 고발하는 자의 반역과 그 뒤를 이은 아담과 하와의 미혹됨으로 시작된 갈등이다(창 3장).[71] 성경은 어린양과 용 사이의 전쟁에 관한 이야기이며, 요한은 요한계시록에서 그 이야기의 절정을 요약하고, 상징화하고, 설명하려고 한다. 성경의 이야기는 요한계시록의 이야기를 통해 요약되고 완성된다.

---

71 창세기 3장에서 뱀이 분명하게 사탄과 동일시되지는 않으나, 이런 해석은, 요한계시록 12:9을 포함해, 성경과 성경 밖의 문헌에서 오랜 전통을 지니고 있다. 또한 「에녹2서」 31:3-6; 「아브라함의 묵시록」 23; 「모세의 묵시록」 15-21; 「솔로몬의 지혜서」 2:23-24를 보라.

특별히 요한계시록의 이야기는 신약성경의 이야기다. 비록 요한계시록이 구약성경의 주제와 사건들에 의존하고 있을지라도, 그 책의 시대적 틀은 특별히 예수의 초림과 재림 사건을 중심으로 짜여 있다. 그 두 차례의 강림은 요한계시록에서 발생하는 일을 위한 북엔드로서의 역할을 한다. 한쪽에는 십자가와 빈 무덤 사건이 있고, 다른 한쪽에는 그리스도가 영광에 싸여 돌아오시는 사건이 있다. 요한은 이 사이의 기간을 표현하기 위해 여러 가지 서로 다른 상징적인 숫자들을 사용하는데, 그중에는 42개월, 1,260일, 그리고 "한 때와 두 때와 반 때"가 포함되어 있다. 이 숫자들은 모두 동일한 시간을 가리키며, 또한 모두가 다니엘서로부터 인용된다. 42개월이 어떻게 1,260일과 연결되는지를 아는 것은 아주 쉽다. 그것은 동일한 값에 대한 서로 다른 방식의 측량법이기 때문이다(42[개월]×30[일]=1,260[일]; 그러므로 42개월=1,260일). 그래서 요한은 요한계시록 11:2-3에서 하나님의 적들이 성을 42개월 동안 짓밟고 두 증인이 1,260일 동안 예언하는 것에 관해 말한다. 이 둘은 동일한 기간이다.

이것은 우리가 요한계시록 11장과 12장의 관계를 쉽게 파악할 수 있게 해 준다. 왜냐하면 이스라엘, 마리아,[72] 그리고 교회를 동

---

72 Wilfrid Harrington, *Revelation* (SP 16; Collegeville: The Liturgical Press, 1993), 29. 또한 William C. Weinrich, ed., *Revelation* (ACCS, NT 12; ed., Thomas Oden; Downers Grove: InterVarisity Press, 2005),

시에 대표하는 여자가 1,260일 동안 광야에서 양육을 받기 때문이다(12:6). 다시 말해, 두 증인은 그 여자가 광야에서 양육받는 것과 동일한 기간 동안 성전 앞에 서 있다. 이것은 여자가 광야에서 보낸 시간을 묘사하기 위해 요한이 사용하는 세 번째 표현인 "한 때와 두 때와 반 때"(12:14)로 우리를 이끌어간다. 여기서 요한은 1,260일을 "한 때와 두 때와 반 때"와 동일시한다.[73]

그렇다면 이런 시한들의 의미는 무엇일까? 첫째, 빌(G. K. Beale)에 따르면, "'42개월'이라는 숫자는 다니엘서에서 반복적으로 예언되는(7:25; 9:27; 12:7, 11-12) 종말론적 시련의 시기에 대한 문자적이 아닌 상징적인 숫자다."[74] 다시 말해, 요한계시록에 등장하는 42개월과 그 변형들(3년 반, 1,260일)은 마지막 때에 하나님의 백성이 겪는 시련의 기간에 대한 언급이다.

"한 때와 두 때와 반 때" 역시 다니엘 12:7로부터 온 것이다. 그 구절에서 다니엘은 천사에게 모든 일이 다 끝날 때까지 얼마나 걸리겠느냐고 묻는다. 그러자 천사가 대답한다. "한 때 두 때 반 때." 다니엘 12:1-4은 이 수치가 고난의 때로부터 최후의 심판 때까지

170-84를 보라.

73 요한계시록 12장과 거기에 등장하는 시간에 관한 보다 상세한 논의를 위해서는, Matthew Y. Emerson, *Christ and the New Creation: A Canonical Approach to the Theology of the New Testament* (Eugene, OR: Wipf & Stock, 2013), 151-58을 보라.

74 G. K. Beale, *The Book of Revelation* (NIGTC; Grand Rapids: Eerdmans, 1999), 565.

의 모든 것을 포함한다는 것을 알려 준다. 만약 우리가 마가복음 13장에서 "환난의 때"(단 12:1, 우리말 성경에는 그냥 "환난"으로 되어 있다.-역주)가 예수의 수난과 함께 시작되는 것에 주목한다면,[75] 그렇다면 다니엘은, 그리고 이어서 요한은, 이 구절을 사용해 그리스도의 초림과 재림 사이의 시간, 즉 교회의 시대를 묘사하고 있는 셈이다. 어린양의 전쟁은 그의 신부인 교회의 때에 일어나 그의 재림과 적들에 대한 최후의 심판 때까지 계속된다.

용의 파괴적인 지배

이 전쟁의 양측은 아주 분명하다. 한쪽에는 어린양을 따르는 자들이 있고, 다른 쪽에는 그를 따르지 않는 자들이 있다. 중립국 스위스 같은 중립지대는 없다. 어린양에게 반대하는 자들은 용을 따르는 자들이다. 용은 이 세상에 대해 자신의 악한 지배력을 행사한다. 그리고 그렇게 함으로써 하나님의 백성에게 주로 세 가지 방식으로 "싸움을 건다." 첫째, 그는 쾌락으로 유혹함으로써 교회를 공격한다. 바벨론의 음녀는 이런 전략의 가장 분명한 예를 제공한다.

---

75 예수의 수난과 "마지막 때"의 관계에 관해서는, Peter Bolt, *The Cross From a Distance: Atonement in Mark's Gospel* (NSBT; Downers Grove: InterVarsity, 2004), 85-115를 보라. 예수의 삶, 죽음, 부활, 승천, 오순절 성령 강림이 구약성경이 기대했던 "마지막 때"를 어떻게 출범시키는지에 관한 보다 폭넓은 논의를 위해서는, G. K. Beale, *A New Testament Biblical Theology: The Unfolding of the Old Testament in the New* (Grand Rapids: Baker Academic, 2011), 129-86을 보라.

그녀의 옷과 성적 부도덕은 사람들을 유혹하는 수단이다.[76] 둘째, 거짓 선지자는 거짓 예언을 통해 속이려 한다. 그는 거짓 징표와 거짓 가르침 모두를 사용해 세상 사람들을 오도한다(13:13-14).[77] 셋째, 용은 그의 짐승으로 하여금 어린양의 신부에게 덤벼들어 박해를 통해 그녀를 공격하게 한다.[78] 요한계시록 전체에서 우리는 신자들이 짐승을 따르는 자들에 의해 죽임을 당하는 것을 본다. 그리고 가장 주목할 만한 것은 요한계시록 11-13장에 등장하는 두 증인과 여자의 이야기다(예를 들면, 11:7-8; 12:17; 13:7-8).

어린양의 피와 여자의 씨

요한계시록 전체에서 하나님은 능동적이시다. 최후의 심판에서는 물론이고, 인, 나팔, 그리고 대접을 통한 심판에서 특별히 그러하시다. 그러나 하나님이 죄인들을 심판하신다는 것은 그분이 사랑 없이 분노로 가득 차 있다는 것을 의미하지 않는다. 요한이 묘사하는 파멸은 하나님이 그것을 통해 단순히 죄를 벌하시기 위한 것만이 아니라 죄인들에게 회개를 요구하기 위함이기도 하다. 열방의 회개야말로 여호와의 목표다.[79] 요한계시록 9:20-21과 16:9,

76 Beale, *The Book of Revelation*, 854-56.
77 Beale, *The Book of Revelation*, 708-11.
78 Beale, *The Book of Revelation*, 680.
79 "열방의 회개"는 보컴의 표현이다. Richard Bauckham, *The Climax of Prophecy: Studies on the Book of Revelation* (London: T&T Clark,

11에서 열방은 여호와의 진노 앞에서 회개하지 않지만, 11:13에서는 회개한다. 그리고 14:6-13과 18:4에서 하나님은 그들에게 회개를 요구하기까지 하신다. 그러므로 우리는 하나님이 무모할 정도로 거리낌 없이 진노를 쏟아부으신다고 결론을 내려서는 안 된다. 오히려 하나님은 죄인들을 향한 의로운 진노 한가운데서조차 여전히 그들에게 임박한 파멸에 대해 경고하심으로써 그들을 돌이키고자 하신다.

더 나아가, 이런 심판은 출애굽의 재앙과 성경 전체에서 나타나는 출애굽 관련된 주제들과 연결되면서 그것이 출애굽의 경우에서처럼 하나님의 백성을 종살이에서 끌어내 그분의 나라로 이끄시기 위한 것임을 암시한다.[80] 비록 물이 피로 변하고 메뚜기 떼가 습격하는 것과 같은 재앙들이 보기 좋은 장면들은 결코 아니지만, 구약성경에서 하나님이 자기 백성을 구속하시는 일에는 늘 그런 일들이 뒤따랐다(예를 들면, 출애굽기, 요엘). 그러므로 회개하지 않는 자들은 심판을 받지만, 회개하는 자들은 구원을 얻는다.[81]

하나님의 백성 역시 능동적이다. 기꺼이 순교하고자 하는 그들의 의지를 통해 여호와께서는 그분의 적들을 정복하신다. 여호와

1993), 238-337에 실려 있는 동일한 제목의 장(章)을 보라.

80 요한계시록에서 교회는, 특히 12:13-17에서, 새로운 출애굽에 참여하는 것으로 묘사된다. Beale, *The Book of Revelation*, 668-81을 보라.

81 Craig Koester, *Revelation and the End of All Things* (Grand Rapids: Eerdmans, 2001), 97-98, 102-103, 103-13, 137-41.

의 목표는 복음을 선포하고 열방을 회심시키는 것인데, 그 두 가지 모두 열방에 대한 심판과 그분 백성의 순교를 통해 이루어진다.[82]

1) 어린양의 심판

하나님의 활동에 대한 궁극적 표지는 그리스도 안에서 발견된다. 그리스도의 죽음과 부활은 신자들의 순교를 통해 이루어진, 어둠의 세력에 대한 그리스도의 교회의 승리뿐 아니라 회개하지 않는 자들을 향한 하나님의 의로운 심판을 위한 토대를 제공한다. 우리는 무엇보다도 요한계시록 5:6-10에서 이 사실을 발견하는데, 거기에서 두루마리를 펴는 이는 죽임당한 어린양이다. 두루마리의 인봉과 두루마리 자체가 심판을 포함하고 있기에 요한은 예수께서 열방을 심판하실 수 있다고 말하는데, 그 이유는 그분이 십자가에서 죽으셨기 때문이다. 죽음에 대한 그리스도의 승리는 그분에게 죽음에 이르는 길을 따르는 자들을 심판하실 권리를 부여한다. 확실히 요한은 그리스도의 죽음과 부활을 사탄을 거꾸러뜨리는 수단으로 여긴다(12:5-12). 그리고 그리스도가 1천 년 동안 그분의 성도에게 생명을 주시고 그들과 함께 다스리시는 것 역시 그분의 죽음과 부활을 통해서다(20:4-6). 그러므로 요한계시록에서 예수의 죽음은 그분의 통치를 위한 기초다.

---

82 Koester, *Revelation and the End of All Things*, 108-11.

부활 역시 요한계시록에서 어린양의 통치를 위한 열쇠다. 예수는 스스로 죽음을 짊어지셨을 뿐 아니라 그분을 죽음에서 일으키신 성령을 통해 죽음을 정복하셨다. 그는 "죽은 자들 가운데에서 먼저 나시고 땅의 임금들의 머리가 되신"(1:5) 분이요, 죽었다가 이제 영생을 누리고 계시는 "살아 있는 자"이시다. 그분은 부활하셨기에 사망과 음부의 열쇠를 갖고 계신다(1:18). 하나님의 적들인 용, 사망, 무덤, 그리고 믿지 않는 열방에 대한 그분의 권위는 그분의 부활에 근거한다.[83]

2) 교회의 증언

우리는 예수가 무엇보다도 일곱 개의 인, 나팔, 그리고 대접을 통해 시행되는 심판과 궁극적으로는 최후의 심판을 통해(14:14-20; 19:11-21; 20:7-15), 철장으로 만국을 다스리시는 것을 본다(1:5; 12:5). 그는 자신의 천사들을 시켜서, 회개하지 않는 죄인들에게 자신의 진노를 쏟아붓게 하신다(9:1-11). 또한 그는 자신의 교회를 통해 세상을 정복하시는데, 이 승리는 신자들의 순교를 통해 얻어진다. 우리는 신자들이 그리스도에 대해 증언하는 것 때문에 죽임당하는 것을 반복해서 보게 된다. 하지만 우리는 그들이 정복자로

83 Richard Bauckham, *The Theology of the Book of Revelation* (New Testament Theology; James D. G. Dunn, ed.: Cambridge: Cambridge University Press, 1993), 56.

간주되는 것을 자주 보기도 하는데 그것은 그들이 죽음에 맞서 자신들의 신앙을 지켰기 때문이다. 요한은 그가 보낸 일곱 통의 편지에서 교회들에게 정복하고 이기라고 촉구한다(2:7, 11, 17, 26; 3:5, 12, 21). 요한계시록 5:5에 등장하는 어린양에 대한 환상을 통해 우리는 정복한다는 것이 여호와의 적들에 맞서 여호와를 증언하며 죽는 것을 의미한다는 것을 금세 알게 된다. 이것은 요한계시록 12:11에서 분명하게 드러나는데, 그 구절은 교회가 "어린양의 피와 자기들이 증언하는 말씀으로써 그[짐승]를 이겼으니 그들은 죽기까지 자기들의 생명을 아끼지 아니하였도다"라고 전한다.[84] 요한계시록 15:2과 6:9 역시 자신들의 증언을 통해 짐승과 그의 추종자들을 정복한 이들에 관해 말한다.

교회가 순교를 통해 여호와의 우월하심을 증언하는 것에 대한 가장 상세한 설명은 요한계시록 11장에 등장하는데, 거기에서 하나님의 백성을 상징하는 두 증인은 그들의 믿음 때문에 죽임을 당한다. 하나님의 적들은 사흘 반 동안–이것은 예수가 무덤에 머물렀던 사흘과 비교된다–즐거워하지만, 성령께서 그 증인들을 일으켜 새로운 생명을 얻게 하시고 그렇게 하심으로써 그들이 증언을 통해 그 짐승에 대해 승리를 거두었음을 드러내신다. 바로 이것이 교부 터툴리안이 그리스도인 순교자들의 피를 "씨앗"이라고

84 Bauckham, *The Theology of the Book of Revelation*, 88-94.

부를 수 있었던 이유다.[85] 신자들에 대한 하나님의 성실하심과 그들을 구원하시는 하나님의 능력은 자신들의 믿음 때문에 기꺼이 죽임을 당하는 신자들을 통해서 드러난다.

시대의 끝

역사가 끝날 때 그리스도가 전쟁에서 승리한 모습으로 돌아와 적들을 새 예루살렘 밖으로 집어던지고 불못 속으로 밀어 넣으실 것이다. 이 최후의 심판과 더불어 세 가지 심판 단락(인, 나팔, 대접) 모두가 끝날 것이다. 그 심판은 요한계시록 14:14-20과 20:7-15에 서술되어 있다. 요한계시록에는 예수의 재림에 관한 두 단계의 이야기가 들어 있다.

첫째, 일곱 번째 대접이 쏟아져 최후의 심판이 이루어지기 직전에 용의 군대가 아마겟돈에 집결한다(16:16). 이 장면은 요한계시록 19:11-21에서 구체화되는데, 거기에서 요한은 요한계시록 20:7-15[86]에 등장하는 최후의 심판 직전에 벌어지는 크고 격렬

---

85 "우리는 당신에게 베임을 당할 때마다 숫자가 늘어납니다. 그리스도인들의 피는 씨앗입니다." Tertullian, *Apology*, trans. T. R. Glover and G. H. Rendall (Cambridge, MA: Harvard University Press, 1931), 50.12.

86 요한계시록 20:1-6에서 언급되는 천년왕국의 시기에 관한 문제는 여기서는 논의하지 않을 것이다. 이에 대한 중요한 견해들을 개론적으로 알아보기 위해서는, Craig A. Blaising, Kenneth L. Gentry, and Robert B. Strimple, *Three Views on the Millennium and Beyond* (ed., Darrell Bock; Grand Rapids: Zondervan, 1999)를 보라.

한 아마겟돈 전쟁을 묘사한다. 요한계시록에 등장하는 싸움은 하나님의 적들이 하나님의 성도들을 제압하는 싸움처럼 보이지만(11:7), 결국 자신의 증언을 통해 승리를 거두는 이들은 그리스도를 따르는 자들이다. 그들의 승리는 십자가에 달리시고 부활하신 분, 즉 죽임당하셨으나 역사가 끝날 때 유다의 정복하는 사자로서 돌아오실 어린양에 의해 보장되고 완성된다. 요한계시록 19:11-16에 등장하는 예수에 대한 요한의 묘사는 놀랍다. 여기서 예수는 모든 영광에 싸여 온 세상에 모습을 드러낸다. 이것은 그분을 따르지 않는 자들에게는 무서운 광경이다. 요한이 제공하는 설명은, 비록 그가 신약성경의 언어를 사용하기는 하지만, 기본적으로는 구약성경으로부터 취한 것이다.[87]

이 모든 것이 말하고자 하는 것은, 예수가 하나님의 모든 적에 대해 최종적으로, 그리고 완전하게 승리를 거두실 의로운 통치자 왕이시라는 것이다. 그는 자기와 맞서는 모든 자들을 철장으로 다스리시며 자신의 통치권을 행사하신다. 그는 자신의 입에서 나오는 칼로 그들을 쳐서 눕히시고(1:16; 2:16을 보라) 자신의 진노의 포도주 틀에 넣고 밟으신다. 이 나중의 이미지는 요한계시록 14:14-20에서 예시되었는데, 거기에서 요한은 심판의 맥락에서 신자와

87 이런 구절들에 대한 상세한 설명을 보기 위해서는, 특히 요한이 언급하는 구약성경적 배경과 관련해서는, Beale, *The Book of Revelation*, 949-71을 보라.

불신자들에 대한 최종적 추수에 관해 말한다. 불신자들은 포도주틀에서 밟히고 그들의 피는 아주 높이 튀어 오른다.

여기에서 예수와 그의 추종자들은 모든 유형의, 하나님의 적들과 마주한다. 그 적들이 모인 곳은 하나님에 대한 우주적 차원의 반대를 상징적으로 나타내는 아마겟돈이라는 이름을 지니고 있다.[88] 또한 우리는 요한계시록 17장에서 짐승과 거짓 선지자가 음녀를 타고 앉은 세상의 왕들과 함께 파멸하는 것을 본다. 이런 이미지들은 발생하고 있는 파멸의 총체성을 가리킨다. 엄격한 연대기를 쓰는 것이 요한의 목적은 아니지만, 요한계시록 19장을 통해 우리는 모든 불신자들을 대표하는 음녀가 파멸하고(19:1-2), 그 파멸에 뒤이어 하나님의 나머지 적들이 곧바로, 혹은 병행해서 파멸하는 것처럼 보인다(19:19-21). 유일하게 남은 그리스도의 적은 용뿐인데, 그 용은 최후의 심판 직전에 불못에 던져진다(20:10).

최후의 심판은 예수가 행하시는 전쟁의 최종적 행위다. 그리고 거기에는 믿는 자와 믿지 않는 자 모두의 죽음으로부터의 부활과 그들의 영원한 운명에 대한 심판이 포함된다. 그리스도가 심판하기 위해 근거로 삼은 것은 생명책이다. 그리고 그분의 보좌가 흰색이라는 것은 그분의 판결이 진실하고 공의로움을 의미한

88 Marko Jauhiainen, "The OT Background to Armageddon (Rev 16:16) Revisited," *NovT* XLVII, 4 (2005): 381-93.

다(20:11-12). 불신자들은 사망과 음부와 함께 불못에 던져진다(20:14). 요한은 이를 둘째 사망이라고 부르는데, 이것은 20:6에서 암시되는 신자들의 두 번째 부활과 직접 대조된다.

아마겟돈

"아마겟돈"이라는 이름의 기원은 논쟁의 여지가 있다. 하지만 그것은 "하"(Har, "산"에 해당하는 히브리어)와 이스라엘이 다양한 적들로부터 공격을 받았던 장소인 므깃도(Megiddo, 삿 5:19; 왕하 23:29; 대하 35:20-22을 보라)의 합성어일 것이다. 산들은 왕국을 가리키기 위해 일반적으로 사용되는 비유적 이미지다. 그러므로 이 이름은 하나님의 나라와 맞서는 세상의 모든 나라들을 상징적으로 대표하는 것일 수 있다.[89]

그리스도가 여호와께 맞서는 모든 자들에 대해 승리를 거둔 후, 회복이 일어나 영원히 지속된다.[90] 새 하늘이 새 땅으로 내려온다. 그리고 여호와께서 이 새로운 세상에서 그분의 백성과 거하신다(21:1-3). 이곳에는 오직 평화 혹은 샬롬만이 존재하는데(21:3), 그것은 하나님이 그리스도 안에서 죄와 더불어, 죄의 근원과 죄의 모든 결과들을 세상으로부터 제거하셨기 때문이다. 창조의 목적-하나님과 함께 영원히 거하는 것-이 실현된다. 그리고 그리스도가 영원히 그분의 백성을 다스리시고, 그들과 함께 다스리신

89 Jauhiainen, "The OT Background to Armageddon,"; Beale, *The Book of Revelation*, 840을 보라.

90 David Aune, *Apocalypticism, Prophecy, and Magic in Early Christianity* (Grand Raids: Baker Academic, 2006), 275-79.

다(20:5-6). 이 새 창조는 무(無)로부터의(*ex nihilo*) 두 번째 창조가 아니라 성경 이야기의 절정이다. 창세기 1-2장에서 시작되어 창세기 3장에서 상실된 것이 요한계시록 19-20장이 전하는 그리스도의 승리와 요한계시록 21:1-2이 전하는 그분의 회복의 행위를 통해 구속되고, 회복되고, 재구성된다. 그리스도가 십자가에서 죗값을 치르신 것과 부활을 통해 죽음에 대해 승리를 거두신 것이, 회개하고 그분을 믿음으로써 새 성전인 새 땅에서 하나님과 더불어 영원히 거하는 자들과 함께, 창조의 회복의 완성으로 이어진다.[91] 이것은 그리스도가 어둠의 권세들에 대해 승리를 거둔 후에 오는 영원한 평화다. 더 이상 어둠이 없을 것이고, 오직 자기 백성과 함께 거하시는 하나님의 영광의 빛만 존재할 것이다(21:22-27).

그리스도가 여호와께 맞서는 모든 자들에 대해 승리를 거둔 후, 회복이 일어나 영원히 지속된다.

91 G. K. Beale, *The Temple and the Church's Mission: A Biblical Theology of the Dwelling Place of God* (NSBT; Downers Grove: IVP Academic, 2004)을 보라.

| 읽어 볼 글들 |

- 요한계시록 12:7-17
- 요한계시록 14:14-20
- 요한계시록 19:11-21
- 요한계시록 21:1-8

| 생각해 볼 질문 |

01 왜 요한계시록에서는 순교가 이기는 길로 간주되는가? 하나님은 우리가 기독교에 적대적인 사람들과 어떻게 교제하기를 바라시는가와 관련해서, 이것은 우리에게 무엇을 알려 주는가?

02 왜 요한은 적들에 대한 예수의 승리를 그토록 생생하고 인상적으로 묘사하는가? 그는 우리가 그리스도의 통치에 대한 이런 설명에 어떻게 반응하기를 원하는가?

7장

오늘날 요한계시록 읽기

때때로 우리는 요한계시록을 판타지 소설이나 풀 수 없는 바이블 코드로 여긴다. 따라서 요한계시록이 오늘 우리에게 어떻게 적용되는지를 헤아리는 것은 도전적인 일이 될 수 있다. 대부분의 신자들은 성경의 이 마지막 책에서 오늘날의 문제와의 어떤 연관성을 찾으려 하는데, 그때 그들은 종종 자기들이 읽는 신문기사의 내용을 자기들이 역사의 종말에 관한 예언이라고 믿는 것과 연결시킴으로써 그렇게 한다.

그러나 요한이 특별한 목적을 갖고서 특정한 독자를 향해 요한계시록을 썼다는 사실은 이런 경향과 어긋난다. 만약 우리가 요한계시록이 우리의 상황에 대해 말해야 하는 것을 이해하고자 한다면, 그 책이 갖고 있는 이런 목적을 이해해야 한다. 1세기에서 시작해 교회의 역사 전체를 통해 요한계시록은 언제나, "예언 관찰 의식"(prophecy watch mentality: 성경의 예언이 미래에 어떻게 이루어지는지를 살피려는 의식 – 역주)에 의지하지 않은 채, 직접적으로 하나님 백성의 현재 상황과 연관되어 있었다.

요한이 보편적 언어와 비유적 상징들을 사용하는 것은 그의 메시지가 시공간을 초월해 온 교회를 위한 것임을 가리킨다. 여기에서 특별히 중요한 것은 요한계시록의 첫 부분에서 7이라는 숫자가 사용된 것이다. 왜냐하면 7은 완전 혹은 완벽을 의미하기 때문이다. 일곱 교회는 보편 교회(universal church)를 상징한다. 요한은 분명히 자신이 속해 있던 문화를 비판하지만, 또한 자신이 쓴 책을 통해 그리스도가 재림하시는 날까지 하나님의 모든 백성을 권면하고자 한다.

대립

그렇다면 오늘 우리는 요한계시록을 어떤 식으로 읽을 수 있는가? 요한계시록이 오늘날의 문제에 대해 갖고 있는 연관성을 이해하기 위한 한 가지 자원은 네덜란드의 신학자 아브라함 카이퍼(Abraham Kuyper)에 의해 유명해진 '대립'(antithesis)이라는 개념으로부터 온다.

요한계시록은 두 가지 선택 사항을 제시한다. 하나는 하나님을 섬기는 것이고, 다른 하나는 용을 섬기는 것이다. 믿음, 성, 정치, 혹은 경제에는 중립이 존재하지 않는다. 우리는 이런 분야들에서–카이퍼는 그것을 "영역들"(spheres)이라고 부른다–신실하게 혹은 신실하지 않게 행동할 수 있을 뿐이다. 카이퍼는 신실함과 신실하지 않음을 가르면서 중앙에 그어진 선을 "대립"(antithesis)이라고 부른다.

그렇다면 사업이나 건강관리에 관해 생각할 경우, 우리는 그 영역에서 우리의 사상과 행위가 어린양에 대한 증언을 반영하는지, 아니면 용의 지배에 대한 굴종 및 음녀와의 제휴를 반영하는지 물을 필요가 있다. 우리는 예수 그리스도 복음의 자유와 모든 피조물에 대한 그분의 주권을 증언하는 방식으로 행동하고 생각하는가, 아니면 사탄과 그의 추종자들에 의해 지속되는 탄압과 부도덕을 조장하는 방식으로 움직이는가?

요한에게 이것은 로마의 평화(*pax Romana*)라는 귀한 선물의 수여자인 로마 제국을 비난하는 것을 의미했다. 윌리엄 윌버포스(William Wilberforce, 1759-1833)와 프레더릭 더글러스(Frederick Douglass, 1818-1895)에게는 미국 초창기에, 그리고 영국이 비록 기울어지고는 있었으나 여전히 강력한 제국이었을 때 노예를 동산(動産)처럼 소유하던 혐오스러운 관습에 종지부를 찍으라는 명령을 의미했다. 디트리히 본회퍼(Dietrich Bonhoeffer, 1906-1945)와 독일의 다른 그리스도인들에게는 바르멘 선언(Barmen Declaration)을 통해 히틀러의 나치 체제에 맞서는 것을 의미했다.[92]

오늘날의 그리스도인들에게는 세계 곳곳에서 강간과 폭력과 방치를 당하고 있는 여성들에 대한 탄압을 종식시키기 위해 일하는 것 같은 다양한 사역을 의미할 수 있다.[93] 우리는 그리스도인의 양심을 특정한 정치적 입장과 동일시해서는 안 된다. 하지만 한편으로는 자신의 십자가를 지고 죽으라는 그리스도의 명령이 영적이고 내세적인 명령이 아니라 오늘 우리에게 세계에 만연한 탄압과 방탕에 맞서라고 요구하는 명령임을 기억해야 한다. 요한계시록은 우리에게 탄압과 방탕은 개인들이 저지르는 행동일 뿐 아니라, 종종 사회의 구조 속에 내재된 것임을 상기시켜 준다. 그것들에 맞서는 것은, 다시 말하지만, 주류 문화에, 그리고 살아 있는 정치권력에 맞서는 것을 의미한다.

92 본회퍼는 히틀러 암살 계획에도 가담했다. 나는 위에서 그 문제는 언급하지 않았는데, 정치적 행동을 함에 있어서 폭력을 사용해도 되는지에 관해서는 그리스도인들의 의견이 서로 다르기 때문이다.

93 Nicholas D. Kristof and Sheryl WuDunn, *Half the Sky: Turning Oppression into Opportunity for Women Worldwide* (New York: Vintage, 2009).

행동하는 믿음

전 세계에서 벌어지고 있는 기독교인들에 대한 박해를 추적하는 단체인 '순교자들의 음성'(Voice of the Martyrs)은 그들이 배포하는 달력과 여러 자료들을 통해 지구 전역에서 그리스도인들이 그리스도에 대한 그들의 믿음 때문에 죽음의 위협뿐 아니라 경제적 · 법적 제재를 통해서도 박해를 당하고 있음을 알리고 있다. 그 그리스도인들은 그들 지역의 정치적, 경제적, 군사적 탄압에 굴하지 않고 있다. 이것은 오늘날 대립(antithesis)의 신앙적 측면에서 살아가는 것이 무엇을 의미하는지에 대한 예가 된다.[94]

세상의 다른 곳에서 어린양에 대한 신실함은 그다지 극적인 것으로 보이지 않을 수도 있다. 하지만 그것은 요한계시록의 이야기라는 드라마 속에 분명하게 들어 있다. 그리스도인들이 정직하게 사업을 하고 사회정의와 관련된 일에 참여할 때, 만약 그들이 그리스도에 대한 신실함 때문이거나 하나님의 영광을 위해서 그렇게 하고 있다면, 그들은 대립의 오른쪽에서 행동하고 있는 것이다. 그러므로 요한계시록이 오늘날 어떤 의미에서 관련되는지에 관해 생각하는 것은, 다름 아니라 우리 삶의 모든 측면에서 어떻게 하나님께 영광을 돌리고 교회를 섬길 수 있는지에 대해 생각하는 것을 의미한다. 요한계시록은 놀라우리 만큼 적절한 책이다. 왜냐하면 요한계시록은 우리에게 무엇이 중요한지를 분명하게 밝

94 이 문단에서 묘사된 사건들의 유형들과, 우리가 세계 전역에 있는 우리의 형제자매들을 위해 어떻게 기도하고 그들을 도울 수 있는지를 알기 위해서는, The Voice of the Martyrs(순교자들의 음성)의 웹사이트인 www.persecution.com을 보라.

혀 주기 때문이다. 우리는 그리스도에게 신실하거나, 아니면 용을 따르다가 파멸에 이르거나 한다. 바로 그것이 요한계시록에서 모든 이들이 하고 있는 선택이다. 또한 그것은 오늘날 우리 모두가 내려야 하는 선택이기도 하다.

전례와 형성

우리는 우리의 습관과 갈망을 형성하는 것을 통해 하나님 나라와 이 세상 나라 사이에서 선택하는 법을 배운다. 제임스 스미스(James K. A. Smith)가 지적했듯이, 우리가 사랑하는 것은 지적으로 배우는 것뿐 아니라 몸으로 반복해서 행하는 것을 통해서도 형성된다.[95] 세계는 그 나름의 문화적 전례(liturgies)를 갖고 있다.[96] 그것이 쇼핑몰이 자랑하는 화려한 이미지와 다양한 선택의 기회들을 통해 서구 문화를 소비주의로 몰아가는 것이든,[97] 혹은 반복적

---

95 James K. A. Smith, *Desiring the Kingdom: Worship, Worldview, and Cultural Formation* (Cultural Liturgies 1; Grand Rapids: Baker Academic, 2009) 그리고 *Imagining the Kingdom: How Worship Works* (Cultural Liturgies 2; Grand Rapids: Baker Academic, 2013).

96 내가 "전례"(liturgy)라는 말로 의미하는 것은 반복적이며 형성적인 의식이다. 이 용어는 일부 그리스도인들에게 좀 더 친숙할지 모르나, 모든 교회는 그들 각자의 모임에서 반복하는 몇 가지 의식들을 갖고 있다. 우리는 그것을 "예배 순서"라고 부를 수도 있고, 혹은 그것에 대해 전혀 언급하지 않을 수도 있다. 하지만 그럼에도 모든 교회는 매주 그들의 예배 시간에 어떤 의식들과 개념들을 반복한다.

97 Smith, *Desiring the Kingdom*, 19-27.

으로 TV 화면을 접하게 함으로써 은연중에 기술이 주는 쾌락에 젖어들게 하는 것이든 간에 말이다.[98] 물론 이것은 기술과 쇼핑 같은 것이 본질적으로 악하다는 의미가 아니다. 오히려 그런 자원이나 습관과 관련된 우리의 행습이 우리로 하여금 둘 중 하나를 택하는 식으로–그리스도께로 향하거나 그분으로부터 멀어지도록–우리를 형성할 수 있다는 뜻이다. 미국에서 어린아이들은 매일 수업이 시작될 때 국기에 대한 맹세를 하고, 팬들은 스포츠 경기가 시작될 때마다 애국가를 부르고, 온 국민은 매년 독립기념일을 공휴일로 지정해 지킨다. 서구인들의 매년, 매월, 매주, 매일의 일정은 반복적인, 따라서 무언가를 형성하는 습관과 의식들로 채워져 있고, 그것들이 그들의 사랑과 갈망과 꿈을 형성해 나간다. 우리가 행하는 일이 우리의 모습과 우리의 갈망을 형성한다. 세상은 사람들을 형성하는 일에 나름의 의제를 갖고 있으며, 또한 그 목적을 이루기 위한 의식들도 갖고 있다.

그러므로 교회는 교인들을 형성하기 위한 대안적 수단을 의도적으로 제공해야 한다. 교회는 사람들이 우상을 섬기는 것이 아니라 그리스도를 사랑하도록 이끌어야 한다. 또한 그렇게 하는 과정에서 하나님의 백성은 공적으로, 그리고 삶의 모든 영역에서 그들의 믿음을 살아 냄으로써 세상을 형성하는 위치에 서게 된다. 이

98 Smith, *Imagining the Kingdom*, 142–50.

것은 지역 교회들이 그들의 예배 의식에 대해 깊이 생각할 필요가 있음을 의미한다. 그들의 예배 순서는 지속적인가? 그 예배 순서는 죽기까지 주님에 대해 증언하고자 하는 의지와 함께 그리스도와 그분의 백성에 대한 사랑을 촉진하는가? 그것은 오늘날 세상의 개인주의, 물질주의, 소비주의, 그리고 만연한 성/속 이원론과 대결하고 있는가? 우리는 사람들의 마음과 정신에 유죄를 선고하는 성령의 역할을 가로채려 하거나, 예배와 관련해 율법주의적이고 성경 외적인 요구들을 덧붙이려 해서는 안 된다. 하지만 지역 교회들과 교회의 지도자들은 자신들의 예배, 설교, 훈련, 그리고 다른 사역들에 대해 이렇게 물어야 한다. "지금 우리가 행하는 방식은 우리 주변의 문화를 흉내 내고 있는가, 아니면 성경의 관습을 따라 짜여 있는가? 우리는 우리의 음악과 교육 방법을 통해 사람들에게 명성과 소비주의를 추구하도록 장려하고 있는가, 아니면 사람들에게 그리스도를 소개하고 있는가?"

요한계시록은 은연중에 초대교회의 몇 가지 예배 관습을 언급함으로써 교회의 이런 전례적 생활에 대해 암시한다. 요한의 환상은 주의 날에 관한 것으로 시작해서 주의 만찬과 더불어 절정에 이른다(19:1-10).[99] 보좌에 앉으신 하나님과 그리스도에 관한 서론

---

99 요한계시록이 대체로 전례적이라는 주장과 관련해서는, G. K. Beale, *A New Testament Biblical Theology: The Unfolding of the Old Testament in the New* (Grand Rapids: Baker Academic, 2011), 797 n.

적 환상(4-5장)에서는 행진, 세례, 주의 만찬, 설교, 기도, 찬양에 대한 암시가 나타난다.[100] 요한계시록에 나타나는 이런저런 전례적 요소들은, 신자들이 어린양을 따를 것인지 아니면 용을 따를 것인지 선택해야 한다는 것을 요한이 그저 비유적으로나 신학적으로만 보여 주는 것이 아니라, 그가 대립을 전례적으로 보여 주고 있다는 것을 알려 준다.

오늘날의 신자들에게 이것은 우리가 박해나 쾌락이나 거짓 예언과 마주할 때도 여전히 그리스도께 신실하게 반응하도록 우리의 예배가 우리의 마음과 몸을 형성할 필요가 있다는 것을 의미한다. 이 점과 관련해 교회 생활에서 아주 중요한 한 가지 의식은 성만찬이다. 그리스도의 몸인 교회가 예수의 수난을 기억할 때, 우리는 단순히 우리를 위한 그분의 승리를 기억하는 것일 뿐 아니라 그분이 돌아오실 때까지 그 사실을 전하는 것이기도 하다(고전 11:26). 성만찬은 우리에게 과거를 상기시키고 미래를 내다보게 해 준다–미래에는 신부가 어린양과 함께 만찬에 참여할 것이다(19:1-10). 그리고 기억과 소망, 이 두 가지 모두는 우리에게 현

52; and G. B. Caird, *New Testament Theology* (Oxford: Oxford University Press, 1994, 184를 보라. 실제로 Caird는 이렇게 말한다. "요한계시록은 주의 날에서 시작되어 성만찬에서 끝난다." Ibid.

100 Allen Cabaniss, "A Note on the Liturgy of the Apocalypse," *Int* 7.1 (1953): 78-86; and Jack Kilcrease, "Creation's Praise: A Short Liturgical Reading of Genesis 1-2 and the book of Revelation," *Pro Ecclesia* 21.3 (2012): 314-25.

재를 살아갈 힘을 부여한다. 그리스도가 이미 십자가에서, 그리고 부활을 통해 우리의 적을 물리치셨기에, 또한 우리는 그분이 영광에 싸여 승리자의 모습으로 돌아오실 것을 알고 있기에, 우리는 현재의 유혹에 저항하고 박해 앞에서도 굳게 설 수 있다.

세례 역시 우리의 정체성이 그 뿌리를 이 세상 나라가 아니라 그리스도 안에 내리고 있음을 상기시킨다. 우리의 정체성은 예수의 죽음과 부활, 그리고 성령의 은사 안에 들어 있다. 예수가 우리의 죄를 위해 죽으시고 우리에게 새 생명을 주기 위해 부활하셨기에, 이제 우리는 죄에 대해 죽고 그분이 제공하는 생명의 영을 통해 새 생명을 누린다(롬 6:1-4). 죄와 죽음과 사탄은 우리에 대해 그 어떤 힘도 갖지 못한다. 왜냐하면 우리는 세상의 나라가 아니라 그리스도의 나라의 시민이기 때문이다.

말씀을 선포하는 것 역시, 신자들이 하나님 형상의 담지자로서 살아가도록 권면하고 그럴 수 있는 힘을 부여하기 위해 성령에 의해 사용된다. 성령은 그들에게 그들의 죄를 분명하게 알려 주고, 그들이 신실하게 살아가도록 고무한다. 말씀과 성례는 모두 그리스도인들의 전례적 형성에서 아주 중요하다. 그 두 가지는 신자들이 그리스도 안에서 하나님께 영광을 돌리고 사탄과 그 추종자들의 공격과 유혹을 물리치도록 그들을 형성한다. 기도와 신조 혹은 신앙고백의 암송 같은 교회의 다른 예배 의식들 역시 신자들이 고발자의 공격에 맞서 신실하게 살아가도록 그들을 형성한다. 교회들이 요한계시록을 읽을 때, 그들은 자신들의 예배 의식이 어떻게 교회 구성원들에게 삶의 모든 분야를 가로지르고 있는 대립의 오른쪽에서 살아가도록 동기를 부여하고 그럴 수 있는 능력을 부여하는지에 대해 생각해 보아야 한다.

> 죄와 죽음과 사탄은 우리에 대해 그 어떤 힘도 갖지 못한다. 왜냐하면 우리는 세상의 나라가 아니라 그리스도의 나라의 시민이기 때문이다.

| 읽어 볼 글들 |

- 에베소서 2:1-10
- 베드로전서 2:9-11
- 골로새서 3:1-13

| 생각해 볼 질문 |

01 성도들이 '짐승' 대신에 그리스도에게 충성하도록 만드는 교회 의식은 무엇인가? 순교 대신에 소비주의를 부추길지도 모르는 교회 의식은 무엇인가?

02 당신의 삶에서, 대립의 오른쪽에 서는 문제에 대해 생각해 볼 수 있는 분야는 무엇인가? 당신이 그 분야에서 그리스도의 신실한 제자가 되기 위해 변화시켜야 할 사고방식, 말버릇, 혹은 습관이나 행동이 있는가?

8장

결론

요한계시록은 흥미진진한 책이다. 이 책은 여러 개의 머리를 가진 용들과 짐승들, 심판의 나팔을 부는 천사들, 그리고 정복하는 왕으로서 영광에 싸여 돌아오는 그리스도의 이미지로 가득 차 있다. 그러나 때때로 이런 비유적인 이미지들은 오늘날 신자들이 요한의 묵시록을 꺼리는 이유가 되기도 한다. 왜냐하면 분명히 그런 이미지들은 우리의 현대적 상상력에는 익숙하지 않기 때문이다. 이 연구 전체를 관통해 온 한 가지 목표는, 요한이 여러 가지 문학적 장치들을 통해 전달하고자 했던 것을 밝힘으로써 요한계시록을 보다 접근하기 쉬운 책으로 만드는 것이었다. 요한의 설명이 상징적인 것임을 인정할 때(1:20), 우리는 그의 메시지를 훨씬 더 쉽게 이해할 수 있을 것이다.

그 메시지는 단순하다. **하나님이** 그분의 모든 적들에 대해 영광스러운 승리를 거두고 **돌아오실 때까지** 성령의 능력에 힘입어 그리스도 안에서 하나님께 대한 **신실함을 유지하라**는 것이다. 하나님이 돌아오실 때까지 변함없이 신실하게 행하라. 요한은 우리에게 창세기 3장 이후로 계속되어 온 우주적 전쟁에는 두 개의 편, 오직 두 개의 편만이 존재한다는 것을 알려 준다. 즉 여호와의 편과 사탄의 편이다. 그렇다면 요한계시록의 독자들에게 제기되는 질문은 이것이다. "당신은 어느 편에 설 것인가?" 그 책의 최초의 독자들에게 요한계시록은 로마 제국과 관련해 이 질문을 제기했다. 1세기의 신자들은 로마의 정치적 · 경제적 기관들의 유혹과 탄압에 맞서 죽기까지 저항할 것인가, 아니면 그것들에 굴복할 것인가?

그 문제는 역사 전체를 통해 모든 신자들에게 동일하게 남아 있다. 정치적 · 경제적 구조들을 통해 가장 분명하게 드러나기는 하지만, 삶의 모든 분야마다 그 중앙을 가로지르는 대립(antithesis)이 존재한다. 한쪽 편에는 여호와께 신실한 자들이 서 있다. 그리고 다른 편에는 사탄을 따르는 자들이 서 있다. 그리스도인으로서 우리는 삶의 모든 분야에서 이와 같은 날카로운 대조에 대한 의식이 우리의 판단과 사상과 실천을 다스리게 해야 한다.

우리는 개별적인 신자로서, 그리고 그리스도의 통합된 몸으로서 그리스도께 대한 신실함을 유지할 것인가? 아니면, 쾌락과 박해와 거짓 선지자와 같은 사탄의 전략들의 희생물이 될 것인가? 지역 교회는 예배 의식을 시작으로, 모든 그리스도인의 신실함을 형성하기 위한 전쟁의 최전선에 서야 한다. 오늘날 지역 교회는 신자들이 세상의 쾌락이라는 사이렌(Siren, 아름다운 목소리로 뱃사람을 유혹해 조난시켰다는, 그리스 신화 속 반인반조[半人半鳥]의 바다 요정 – 역주)의 노래에 맞서게 하기 위해 올바른 말씀 선포와 성례의 올바른 집행을 통해 그들의 사랑과 갈망을 형성하고 있는가? 지역 교회는 신자들이 그리스도와 그분의 복음을 위해 기꺼이 죽으려 할 만큼 그들의 사랑과 갈망을 형성하고 있는가? 이런 것들이 우리가 요한계시록을 읽을 때 우리 자신에게 물어야 할 질문들이다. 전쟁은 진행 중이다. 그리고 요한은 우리가 우리의 사고와 말과 행위에서 오른쪽에 설 필요가 있음을 분명히 밝힌다.

전쟁은 진행 중이다. 그리고 요한은 우리가 우리의 사고와 말과 행위에서 오른쪽에 설 필요가 있음을 분명히 밝힌다.

물론 요한은 우리에게 모든 일을 우리 자신의 힘으로 해야 한다고 강요하지 않는다. 우리가 그리스도와 함께, 그리고 그리스도를 위해 신실하게 설 수 있는 것은 그리스도가 이미 신실하셨고, 이미 용과 그의 졸개들을 물리치셨고, 이미 죽음과 무덤을 정복하셨기 때문이다. 그분이 성령으로 우리를 죽음에서 일으키셨기에, 또한 그분의 성령이 계속에서 우리가 신실하게 살아가도록 능력을 주고 계시기에, 우리는 그분에게 신실할 수 있다. 믿음 안에서 인내하는 삶은 그리스도에 대한 우리의 최초의 믿음만큼이나 성자를 통해 성령에 의해 주어지는 하나님의 선물이다. 우리의 아버지이신 하나님께서 성자의 죽음과 부활을 통해, 그리고 성령의 능력을 통해 우리가 삶의 모든 시련의 한가운데서도 그분에게 신실할 수 있게 해 주시기를 바란다. 아멘.

MEMO